미룸 방지법

미룸 방지법

2024년 7월 31일 1판 1쇄 발행
2024년 10월 20일 1판 3쇄 발행

지은이 ㅣ 데이먼 자하리아데스
옮긴이 ㅣ 박선령
펴낸이 ㅣ 양승윤

펴낸곳 ㅣ (주)와이엘씨
　　　　서울특별시 강남구 강남대로 354 혜천빌딩 15층
　　　　Tel. 555-3200　Fax. 552-0436

출판등록 ㅣ 1987. 12. 8. 제1987-000005호
http://www.ylc21.co.kr

값 18,000원
ISBN 978-89-8401-264-6 03190

• 영림카디널은 (주)와이엘씨의 출판 브랜드입니다.
• 소중한 기획 및 원고를 이메일 주소(editor@ylc21.co.kr)로 보내주시면,
출간 검토 후 정성을 다해 만들겠습니다.

미룸 방지법

The Procrastination Cure

데이먼 자하리아데스 지음 | 박선령 옮김

오늘은 내일의 나에게 미루지 않겠다

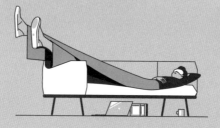

영림카디널

"당신은 지체할 수 있을지 몰라도
시간은 그렇지 않으며,
잃어버린 시간은 다시 찾을 수 없다."

_벤저민 프랭클린

"미루는 건
시간을 훔쳐가는 도둑이다.
그를 체포해라."

_찰스 디킨스

"미루면
아무것도 남는 게 없다."

_윌리엄 셰익스피어

"하지 못하고 죽어도 괜찮은 일만
내일로 미뤄라."

_파블로 피카소

2장 | 미루는 습관을 극복하는 21가지 방법

3장 | 때로는 미루는 편이 더 나을 때도 있다

미룬다는 건
대체 뭘까?

우리는 다들 할 일을 미룬다.

그건 보편적인 유혹이다. 남들보다 이런 유혹을 잘 견뎌야 하는 생산성 전문가나 시간 관리 전문가마저도 주의를 기울여야 하는 사항에 대한 조치를 계속 미루곤 한다. 우리는 더 매력적인 선택권을 추구하기 위해 일을 계속 미루고 싶은 유혹을 느낀다.

예를 들어, 매일 헬스클럽에 가는 걸 그만두고 소파에 앉아 좋아하는 넷플릭스 프로그램이나 몰아서 보자고 자신을 설득한다. 또 최신 블록버스터 영화를 보러 가느라 오늘 당장 깎아야 하는 잔디를 무시한다. 곧 있을 시험에 대비해 공부하는 것보다 친구들과 나가 노는 걸 택한다.

문제는 어떻게 이런 경향을 줄이는가다. 이것이 우리 삶에 미치는 영향을 어떻게 줄일 수 있을까?

미루려는 성향은 우리 본성의 일부이기 때문에 완전히 제거하는 건 불가능하다. 우리는 어떤 것이 본인의 장기적인 목표와 일치하지 않더라도 가장 쉽고 즉각적인 만족을 제공할 가능성이 높은 걸 추구하는 경향이 있다.

이 책에서는 이런 성향을 극복하는 데 필요한 도구를 제공한다. 하지만 이야기를 진행하기 전에 미루는 습관이란 무엇인지, 그리고 거기에 해당되지 않는 건 무엇인지 알아야 한다.

미루기의
정의

미루기란 예전부터 '다른 일을 하기 위해 어떤 일을 나중으로 연기하는 것'이라고 정의해 왔다. 이런 맥락에서 보면 다른 일을 한다는 건 결국 아무 일도 하지 않는다는 걸 뜻할 수도 있다.

그러나 이런 정의만으로는 부족하다. 이런 생각을 갖고 있으면 일을 미루는 편이 오히려 더 합리적이고 실용적일 때도 있다는 걸 인식하지 못한다.

예를 들어, 식품 매장에 들러야 한다고 가정해 보자. 그런데 지금은 토요일 오후라서 매장에 고객이 엄청 많을 것이다. 당장 필요한 달걀이나 우유 같은 필수품이 다 떨어진 게 아니라면 월요일 오후까지 쇼핑을 미루는 게 합리적이다. 그때가 되면 매장이 덜 붐빌 테니 말이다.

이것도 미루기에 해당될까? 내 생각엔 미루기를 그런 식으로 정의하는 건 지나치게 단순한 행동인 듯하다. 사실 이 사례는 실용적인 시간 관리의 예시다.

그렇다면 삶을 망치는 진정한 미루기란 어떤 것일까? 우리는 어릴 때부터 미루기란 뭔가를 나중에 하기로 결정하는 것이라고 생각했고 그래서 그 습관을 게으름과 연관시키곤 한다. 그러나 식품 매장 사례에서 보았듯이 게으름이 일을 미루는 유일한 이유는 아니다.

이 책의 목적상 우리는 '미룬다'라는 단어를 '어떤 일을 일찍 하는 게 틀림없이 더 나은 결정인데도 불구하고 그것을 나중으로 연기하는 것'이라고 정의할 것이다. 예를 들어 넷플릭스 프로그램을 몰아서 보지 말고 헬스클럽에 가야 한다. 영화를 보러 가지 말고 잔디를 깎아야 한다. 친구들과 나가 놀지 말고 다가오는 시험에 대비해 공부를 해야 한다.

이 책은 시간을 두고 서로 경쟁하는 일과 기회 사이에서 더 나은 결정을 내려 생산성을 높이고 시간을 잘 관리할 수 있는 방법을 알려준다.

장기적인 목표 vs. 즉각적인 만족

'1장: 너, 나, 우리가 미루는 진짜 이유'에서 얘기하겠지만 미루는 습관을 유발하는 요인은 매우 많다. 그러나 우리가 일을 미루는 가장 큰 이유는 다른 일이 더 짧은 시간 안에 더 큰 만족을 안겨 준다고 믿기 때문이다.

간단히 말해서 우리는 중요한 작업을 처리하는 데 따르는 미래의 이익을 중요하게 여기면서도 즉각적인 만족을 안겨 주는 일을 선호한다. 미래의 보상보다 지금 당장의 보상을 우선시하는 것이다. 이는 미래에 얻게 될 보상의 범위가 더 큰 경우에도 마찬가지다.

예를 들어, 은퇴 자금으로 돈을 모아야 한다는 걸 알면서도 그 돈으로 새 차를 산다. 시험공부를 해야 한다는 걸 알면서도 친구들과 논다. 좋아하는 TV 프로그램을 보지 말고 헬스클럽에 가야 한다는 것도 잘 알면서 실천하지 않는다.

미래의 보상보다 현재의 보상을 선호하는 걸 막을 방법은 없다. 이런 선호는 우리 본성의 일부다. 하지만 이런 지식을 이용해서 미루는 성향을 극복하도록 훈련할 수 있다. 그 비결은 어떤 행동을 취했을 때 보다 즉각적으로 보상을 얻을 수 있게 하는 것이다.

'유혹 묶기'라는 전략을 이용하는 것도 한 가지 방법이다. 이에 대해서는 '2장: 미루는 습관을 극복하는 21가지 방법'에서 자세히 살펴볼 예정이다.

행동을 취했을 때 생기는
흥미로운 효과

지루하고 어렵고 매력적이지 않다고 생각하는 작업을 수행할 때 가장 어려운 부분은 그 작업을 시작하는 것이다. 그러나 일단 시작하면 이상한 일이 일어난다. 그와 관련된 불안과 두려움이 급속히 줄어드는 것이다.

당신이 최근에 마음에 들지 않는 일(예: 잔디 깎기, 화장실 청소,

상사에게 제출할 보고서 작성 등)을 미뤘던 때를 생각해 보자. 아마 그 일이 계속 신경에 거슬렸을 것이다. 더 안 좋은 건 조치를 취하는 걸 오래 미룰수록 불편한 마음이 더 커진다는 것이다.

두려워하던 작업을 마침내 시작하면 무슨 일이 일어날까? 당신이 느끼던 불편함과 불안감은 대부분 일을 미루는 죄책감에서 비롯된 것이므로 그런 기분이 사라질 것이다. 게다가 일단 작업을 시작하면 계속 진행하는 건 쉽다는 걸 알게 될 것이다.

내 개인적인 예를 하나 들어 보겠다.

나는 글을 써서 먹고 사는 사람이다. 하지만 글 쓰는 시간을 늘 즐거운 마음으로 기다리지는 않는다. 책을 쓰거나 블로그 게시물을 작성하려면 많은 작업이 필요하다. 그래서 나는 일을 미루기로 유명하다. 하지만 일단 처음 100단어(한 페이지의 절반도 안 되는 분량)를 쓰고 나면 그다음 1,000단어, 2,000단어, 5,000단어를 쓰는 건 훨씬 쉽다는 걸 알게 됐다.

행동을 취하면 미루는 습관에서 비롯되는 불편함과 죄책감이 사라진다. 또 작업 수행에 대한 스트레스와 걱정도 줄어든다. 또 하나 중요한 건 일이 완료될 때까지 꾸준히 계속하는 데 필요한 추진력이 생긴다는 것이다.

다음 장에서는 미루는 습관이 내 삶에 어떤 부정적인 영향을 미쳤고 그걸 마침내 극복했을 때 어떤 일이 생겼는지 설명하겠다. 당신도 내가 설명하는 문제에 공감하고 영감을 얻어서 자신의 삶에 긍정적인 변화가 생기기를 바란다.

모든 걸 미루면서
살아왔던 나

내 과거는 미루기에 관한 완벽한 사례 연구에 가깝다. 그만큼 상황이 극단적이었다. 과거의 경험을 통해 교훈을 얻는 학교가 있다면 난 이 주제로 박사 학위도 받을 수 있을 것이다.

내 말을 곧이곧대로 믿지는 말고 스스로 판단하기 바란다. 몇 년 전의 내 삶을 들여다보면 이런 일들이 있었다.

나는 매년 자동차 등록증을 늦게 보내서 과태료를 냈다. 수표를 쓰고 봉투에 우표를 붙이는(인터넷이 등장하기 전의 일이다) 게 나한테는 너무 힘든 일이었기 때문이다. 번호판에 캘리포니아 차량국에서 발행한 등록 스티커가 부착되어 있지 않은 탓에 차가 견인되는 일이 여러 번 있었다.

심지어 차량국에서 새 등록 카드와 스티커를 받고도 사무실에 몇 달씩 그냥 놔둔 경우도 있었다. 나는 습관적인 미루기 전문가였다. 차 번호판에 스티커를 붙이는 일에는 신경도 안 썼던 게 분명하다. 결국 과태료와 견인 비용이 더 많이 부과되었다.

중요한 일을 미루는 습관은 내 삶의 모든 영역으로 확장되었다. 자동차 보험료를 늦게 내거나, 빨래를 계속 미루다가 입을 옷이 하나도 없는 지경이 되어서야 부랴부랴 엄청난 양의 빨래를 해치우기도 했다. 연애를 끝내는 것마저 미뤄서, 둘의 관계가 이미 돌이킬 수 없다는 사실이 분명해진 뒤에도 오랫동안 질질 끌곤 했다.

대학 때는 시험공부를 미뤘다. 과제를 해야 할 때도 최대한 마지막 순간까지 미루다가 시작했다. 친구들은 내가 전화를 다시 걸게 하려면 의회에서 법이라도 제정해야 한다는 걸 알고 있었다.

대학을 졸업하고 사회에 뛰어든 뒤에도 똑같은 행동을 계속했다. 중요한 프로젝트 작업을 미루거나, 상사에게 보고서를 제출해야 하는데도 최대한 미루다가 일을 시작했다. 회의에도 불참했다. 그러겠다고 의식적으로 정한 게 아니라 회의 직전까지 참석할지 말지 결정하는 걸 미루다가 결국 빠지게 된 것이다.

그런 상황이 되면 그냥 회의 자체를 무시해 버렸다.

그런 어리석은 행동에도 불구하고 경력을 쌓을 수 있었다니 도저히 이해할 수가 없다. 아무래도 미국 재계에 문제가 많은 것 같다.

나는 결국 회사를 그만두고 독립했다. 하지만 미루는 버릇을 고치지 못하고 계속 그 버릇에 시달렸다. 예를 들어, 고객을 위한 신제품 개발과 광고 분석 작업을 미뤘다. 새로운 기회에 대한 조사도 미뤘다.

어떻게 됐을까? 사업에 큰 어려움이 생겼다.

상황을 바꾼 뒤에
무슨 일이 일어났을까?

나는 결국 미루는 버릇을 극복했다(내가 사용한 전술은 '2장: 미루는 습관을 극복하는 21가지 방법'에서 소개하겠다). 그리고 그 결과 그야말로 인생이 바뀌었다.

일단 불안감과 죄책감이 줄었다. 자신감과 목적 의식이 그런 감정을 대체했다. 마침내 내 삶을 통제할 수 있게 되었다는 기분이 들었다.

꾸준히 행동을 취한 덕분에 더 많은 제품을 만들고, 시간을 잘 관리하고, 관계를 개선할 수 있게 되었다(그리고 무의미한 관계는 끝을 맺었다).

생산성도 급상승했다. 짧은 시간에 더 많은 일을 끝냈을 뿐만 아니라 내 장기 목표에 결정적인 역할을 하는 중요한 일을 완수했다.

요새도 가끔 일을 미루곤 한다. 내면의 미루기 전문가가 가끔씩 고개를 드는 것이다. 하지만 그를 통제하는 법을 배웠고 그게 내 삶에 놀라운 변화를 가져왔다.

다음 장에서는 직장뿐 아니라 일상생활에서도 미루는 버릇 때문에 치러야 하는 대가에 대해 이야기하겠다.

미루는 습관은
어떤 대가를 치를까?

당신은 시간을 보다 효과적으로 관리하고 생산성을 높이는 데
관심이 있을 것이다. 그래서 이 책을 선택했을 것이다. 그리고
시간을 보내는 방법과 관련해서 내리는 모든 결정에는 대가가
따른다는 것도 직관적으로 알고 있을 것이다.

예를 들어, 일 A와 일 B 중에서 하나만 선택할 수 있다고 가
정해 보자. 두 가지 일을 모두 할 수는 없으므로 하나만 골라야
한다. 이 시나리오에서는 한 가지 일이 다른 일의 기회비용이
된다. A를 선택하면 B를 포기해야 하고, B를 선택하면 A를 할
수 없다.

이때는 본인의 목표를 보완하는 작업과 행동이 무엇인지 확

인해야 한다. 모든 일을 다 하기에는 시간이 부족하다.

미루기의 맥락에서 이 원칙을 생각해 보자. 우리는 뭔가를 미룰 때마다 다른 건 포기하고 한 가지 행동을 선택하게 된다. 문제는 우리가 미룬 일이 결코 사라지지 않는다는 것이다. 그건 시간이 지날수록 점점 더 많은 관심을 요구하면서 계속 남아 있다.

예를 들어, 잔디밭은 당신이 잔디를 깎을 때까지(또는 잔디를 깎을 사람을 고용할 때까지) 계속 자란다. 공부하지 않았는데 다음 주 시험이 기적적으로 취소되는 일은 없다. 집의 화장실은 저절로 청소되지 않는다.

이런 일들은 어느 시점엔가 해결이 되어야 한다. 미루는 시간이 길어질수록 더 다급해진다.

미루기의 대가가 항상 즉각적으로 나타나는 건 아니다. 실제 대가는 미룰수록 커지는 파급 효과를 통해서 분명하게 드러난다. 이런 파급 효과는 결국 일상생활과 직장 모두에 영향을 미친다.

일상생활에서 일어나는
미루기의 대가

일을 미루면 일상생활 가운데 다음과 같은 네 가지 영역에서
부정적인 영향이 생길 수 있다.

각각의 예를 살펴보자.

관계

부부 간의 큰 의견 차이 때문에 해결되지 않는 문제가 생겼다
고 가정해 보자. 이런 문제는 진지하고 힘든 대화를 통해서만
해결할 수 있다는 걸 알고 있다. 대화를 미루면 원망과 감정적
거리만 늘어날 뿐이다.

혹은 곧 있을 모임에 관해 친구들에게 연락하는 걸 미룬다고
가정해 보자. 그러면 친구들과 함께 좋은 시간을 보낼 기회를
놓치게 될 수도 있다.

혹은 자녀들과 함께 가기로 한 스포츠 경기 티켓 구입을 미룬다고 가정해 보자. 표가 매진되면 가족들이 크게 실망할 것이다.

(재정)

신용카드 대금 결제를 미룬다고 가정해 보자. 돈을 늦게 납부하면 연체료가 부과되고 신용도도 위험에 처하게 될 것이다.

세금 신고를 최대한 마지막까지 미뤘다고 가정해 보자. 그러다가 긴급 상황이 발생하면 서류를 제때 제출할 수 없게 되고 결국 연체료와 체납 벌금을 물어야 하는 곤경에 처하게 된다. 감사가 시작될 수도 있다.

투자 결정을 미룬다고 가정해 보자. 이 경우 현재 투자한 방향이 잘못됐을 경우 막대한 손실을 입을 수 있다.

은퇴 자금을 모으는 걸 미뤘다고 가정해 보자. 예순다섯 살이 됐을 때, 편안하게 은퇴하는 데 필요한 자금이 없을지도 모른다.

미루는 습관은 건강에도 위험이 될 수 있다. 예를 들어, 몸이 아플 때 병원 가는 걸 미뤘다고 가정해 보자. 운이 좋으면 신체의 면역 체계가 스스로 문제를 해결할 것이다. 하지만 즉각적인 치료가 필요한 심각한 질환 때문에 몸이 아픈 것일 수도 있다. 이 경우 병원 방문을 미루면 재앙과도 같은 결과가 생길지도 모른다.

운동을 미뤘다고 가정해 보자. 조만간 매일같이 운동을 하겠다고 다짐해 놓고 노력하는 걸 거부한 것이다. 아무 행동도 취하지 않은 채 몇 달이 지나면 근육이 위축되고 체지방이 증가하며 심지어 심장 기능이 저하될 수도 있다.

예를 들어 당신이 40대인데 대장 내시경 검사 예약을 미루고 있다고 가정해 보자. 대장암의 경우 암세포가 천천히 커지고 조기에 발견하면 성공적으로 치료할 수 있지만 검사를 빨리 받지 않으면 악화될 위험이 있다.

모든 일을 다 미루는 바람에 마감이 닥쳐오고 일이 쌓이면서 지속적인 압박감을 느낀다고 가정해 보자. 스트레스는 신체, 정신, 행동에 부정적인 영향을 미칠 수 있다.

놓친 기회

우리는 미루는 습관 때문에 매일 기회를 놓치고 있다. 예를 들어, 최근 유행하는 식당 예약을 미루다가 결국 너무 오래 기다리게 됐던 일을 떠올려 보자.

항공권 구매를 미루다가 나중에 사려고 보니 가격이 크게 올랐다는 사실을 알게 된 적이 있는가? 혹은 모든 항공편이 매진되는 바람에 마지막 순간에 누군가 취소하기만을 바라며 대기 상태로 기다려야 했을지도 모른다.

다가오는 휴가를 위해 좋아하는 호텔 객실을 예약해야 하는데 그걸 미뤘다고 가정해 보자. 시간이 많이 남았으니 나중에 해도 된다고 생각했는데 어느새 호텔 예약이 다 찼다는 걸 알고 실망하게 될지도 모른다.

집 지붕을 고쳐야 한다고 가정해 보자. 평판 좋은 업체가 마침 일거리가 없다면서 매력적인 할인 혜택을 제시했다. 그런데 미적거리다가 나중에 연락해 보니 이제 작업 예약이 꽉 차서 더는 할인을 해주지 않는다는 걸 알게 될지도 모를 일이다.

직장에서 일을 미뤘을 때
치르게 되는 대가

일을 미룰 경우 직장에도 여러 가지 면에서 해를 끼칠 수 있다.

예를 들어, 자신에게 딱 맞는 유망한 일자리를 알게 됐다고 가정해 보자. 하지만 이력서를 너무 늦게 보냈고 그 결과 면접 기회를 얻기도 전에 그 자리가 채워졌다.

당신이 영업 일을 한다고 가정해 보자. 잠재 고객에게 내일이나 그 다음 날 연락해도 괜찮을 거라고 생각하면서 후속 조치를 미룬다. 하지만 잠재 고객은 관심이 빨리 식기 때문에 시간이 지난 뒤에 접근하면 별로 좋은 반응을 보이지 않는다. 더 나쁜 사실은, 당신이 빨리 연락을 하지 않으면 고객이 경쟁 업체에게 일을 맡길 수도 있다는 것이다. 그러면 매출이 감소하고 판매 수수료도 줄어든다. 또 승진 기회를 잃을 수도 있다.

상사를 위해 여러 가지 중요한 보고서를 작성하는 책임을 맡았다고 가정해 보자. 그런데 계속 일을 미루다가 마지막 순간에 허둥지둥 서두르게 된다. 이런 습관 때문에 보고서를 늦게 전달하거나 피할 수 있는 오류로 잘못된 데이터를 전달할 수도 있다. 두 가지 경우 모두 분기별 성과 검토에 나쁜 영향을 미칠 것이다.

결국 미루는 습관은 일상적인 업무 습관에도 분명하게 드러난다. 이 습관이 생산성을 좌우해서 일을 미룰수록 생산성이 떨어진다. 더 나쁜 사실은 미뤄둔 업무와 각각의 마감 기한이 쌓이면서 시간을 효과적으로 관리하기가 점점 더 어려워진다는 것이다.

위의 예시는 미루는 습관의 대가가 당장 눈에 보이는 것보다 훨씬 클 수 있다는 걸 보여준다. 습관은 우리의 일상생활과 직장에 큰 영향을 미칠 수 있는 파급 효과를 낳는다.

이제 자기가 어떤 위기 상황에 처했는지 알았을 것이다. 다음 장에서는 이 책에서 배우게 될 내용을 소개하겠다.

우리가
이 책에서 배울 것들

이 책은 크게 세 부분으로 이루어져 있다. 다른 책과 마찬가지로, 이 책을 쓸 때도 특정한 목적을 염두에 두고 자료를 정리했다.

당신이 일부 내용에 익숙하더라도 책을 처음부터 끝까지 읽어 보기 바란다. 2장에서 다루는 내용은 대부분 1장의 내용을 바탕으로 했고, 3장의 조언도 2장에 나오는 조언을 기반으로 삼았기 때문이다. 책을 처음부터 끝까지 읽으면 각 장의 교훈을 완전히 습득할 수 있다.

미루는 습관은 고치기 어렵다는 걸 명심하자. 모든 습관이 그렇듯이 오래 지속된 습관일수록 더 깊이 뿌리내린다. 따라서 평생 미루는 습관이 있었던 사람이라면 그 습관을 깨는 데 몇 주, 심지어 몇 달이 걸릴 수도 있다.

　그러니 이 책을 끝까지 다 읽고 2장에 설명된 전략을 모두 활용한 다음 필요할 때마다 원하는 내용을 다시 살펴보자. 쉽게 살펴볼 수 있도록 자료를 정리해 두었으니 언제든 다시 읽고 싶은 부분을 찾으려면 목차를 확인하기 바란다.

　그럼 이제 이 책의 세 부분을 간단히 살펴보겠다.

1장

문제를 해결하려면 문제가 발생한 이유부터 알아야 한다. '1장: 너, 나, 우리가 미루는 진짜 이유'에서는 이 문제를 자세히 살펴본다. 우리가 일을 미루는 가장 일반적인 이유들을 다루는데, 그중에 당신의 개인적인 이유도 틀림없이 포함되어 있을 것이다.

　1장을 읽어 보면 당신이 혼자가 아니라는 걸 깨닫게 될 것이다. 나 개인적으로도 1장에서 강조한 몇 가지 이유에 공감한다. 그게 어떤 건지 얘기하고 나한테 어떻게, 왜 영향을 미치는지 설명할 것이다.

　내 목표는 당신이 그걸 극복하도록 돕는 것이다.

이 책의 핵심 부분이다. 빠르게 진행되지만 포괄적인 내용을 다룬다. '2장: 미루는 습관을 극복하는 21가지 방법'에서는 미루는 버릇을 억제하기 위한 20여 가지의 검증된 전술을 배우게 된다.

각 전술을 개별적으로 다루면서 그게 효과를 발휘하는 이유를 탐구할 것이다. 이때 명심해야 할 사항은 이 전략 가운데 딱하나만 적용해서 효과를 볼 수 있는 건 없다는 점이다. 전부 함께 적용해야 최상의 결과를 얻을 수 있다.

미루는 게 항상 나쁜 것만은 아니다. 때로는 실용적인 경우도 있다. 그래서 마냥 피하기만 하는 것보다 포용하는 게 합리적일 때가 있다.

'3장: 때로는 미루는 편이 더 나을 때도 있다'에서는 적극적인 미루기라는 논란의 여지가 있는 개념을 살펴볼 것이다. 미루기가 집중력을 향상시키고, 시간을 효율적으로 배분할 수 있게 해주고, 적절한 상황에서 더 많은 일을 처리하도록 도와주는 방법을 이야기한다.

부록

이 책을 다 읽고 나면 미루는 버릇을 극복하는 방법에 대한 질문이 떠오를 수도 있다. 이 주제와 관련해 내가 가장 많이 받았던 질문을 같이 살펴보기 위해 부록을 추가했다.

　이 질문 가운데 일부는 1, 2, 3장에서 다루는 내용과 별로 관련이 없다. 하지만 다들 주의를 기울여야 할 독특한 상황이 등장한다.

남은 인생의
첫발을 내딛자

이 책에서 다뤄야 할 내용이 많다. 하지만 빨리 진행하겠다고 약속하겠다. 그러면 최대한 빨리 조언을 적용한 뒤 측정 가능한 결과를 확인할 수 있다.

습관적으로 일을 미루는 사람은 그 습관이 자기 삶에 미치는 부정적인 영향을 당연히 알고 있을 것이다. 이를 극복하기 위해 최선의 노력을 기울여야 한다. 일을 미루는 습관을 억제하고 꾸준히 일을 처리하도록 훈련한다면 인생을 훨씬 잘 통제할 수 있다는 기분이 들 것이다.

다음 장에서는 이 책에서 최대의 가치를 이끌어내는 방법을 알려주겠다.

이 책의 가치를
최대로 끌어내는 법

앞 장에서 미루는 습관을 억제하기 위해 최선의 노력을 다하자고 했다. 당신이 그 조언에 따라 행동하는 걸 미루더라도 아이러니하다고 지적하지는 않을 것이다.

반드시 명심해야 할 점은, 아무리 포괄적이고 잘 쓴 책이라도 독자 스스로가 노력하지 않는다면 변화를 일으킬 수 없다는 것이다. 노력, 이것이 이 책에서 최대의 가치를 이끌어 내기 위한 첫 번째 단계다.

두 번째 단계는 개인적인 난관과 장애물을 확인하는 것이다. '1장: 너, 나, 우리가 미루는 진짜 이유'에서는 두려움, 게으름, 완벽주의, 자기 비하 같은 요소에 대해 이야기한다. 자기 삶에 이런 문제가 있다면 인정해야 한다. 앞 장에서 얘기했듯이 문제를 성공적으로 해결하려면 그 문제가 발생하는 이유를 알아야 한다.

세 번째이자 가장 중요한 단계는 이 책에서 배우게 될 전략과 전술을 적용하는 것이다. 이 책에서 읽는 거의 모든 내용은 실행 가능하도록 설계되었다. 실생활에 적용하는 건 자기 삶에서 긍정적인 변화를 일으킬 수 있는 가장 빠르고 확실한 방법이다. 2장과 3장을 읽을 때는 조언에 따라 조치를 취하려는 의지를 갖고 읽어야 한다.

이 책은 일부러 짧게 만들어서 내용이 좀 긴 부분도 빠르게 읽을 수 있다. 우리의 목표는 읽는 단계를 넘어 당신이 최대한 빨리 적용 단계에 도달하도록 돕는 것이다.

이 책은 미루는 습관을 완전히 통제하는 데 필요한 모든 도구와 자원을 제공한다. CEO, 학생, 기업가, 전업주부, 영업 사원, 프리랜서 등 누구에게나 효과적인 방법이다. 그리고 중요한 건 개인적으로 어떤 상황에 처했든 상관없이 효과를 발휘한다는 것이다.

꾸준히 행동을 취하면서 미루는 습관을 통제할 준비가 되었다면 이제 시작해 보자. 먼저 우리가 일을 미루는 가장 일반적인 이유부터 살펴보겠다.

너, 나,

우리가 미루는

진짜 이유

우리가 일을 미루는 이유를

온전히 이해하려면

현재의 자아와 미래의 자아를 구별해야 한다.

두 자아는 공존하지만

항상 서로 대립한다.

그들은 완전히 다른 감정에 의해 움직이기 때문에

그들 사이에는 지속적으로

단절이 발생한다.

현재의 자아는

즉각적인 만족을 약속하는 행동에 마음이 끌린다.

미래의 자아는

미래의 보상을 약속하는 행동에 관심이 있다.

예를 들어,
미래의 자아는
몸매를 가꾸기 위해 기꺼이 운동을 한다.
현재의 자아는
소파에 앉아 TV 보는 걸 더 좋아한다.

정체성의 이 두 부분이 어떻게 다른지 알면
자기가 일을 미루는 개인적인 이유를
충분히 이해하게 될 것이다.

1장에서는
그 이유를 자세히 살펴볼 것이다. 읽는 동안 그것이
현재의 자신과 미래의 자신 사이의 의사 결정 과정에
어떤 영향을 미치는지 생각해 보자.

———————

실패하는 게
두려워서

두려움은 미루는 습관에 중요한 역할을 한다. 그건 다양한 방식으로 나타나지만 가장 강력한 것 중 하나가 실패에 대한 두려움이다.

우리는 뭔가를 잘못할까 봐 두려워서 행동을 주저한다. 아니면 자신의 행동이 좋지 않은 결과를 가져올까 봐 두려워한다. 우리가 예상한 실패가 사적으로 발생하는지 아니면 공개적으로 발생하는지는 중요하지 않다. 둘 다 불쾌한 결과이므로 다들 이를 피하기 위해 많은 노력을 기울인다.

이런 두려움은 여러 가지 요인에서 비롯될 수 있다. 예를 들어 어떤 일이나 과정이 익숙하지 않으면 주저하게 된다. 낯선 상황은 우리 행동의 결과를 더 불확실하게 만들고, 이로 인해 실패에 대한 두려움이 더 악화된다. 그래서 즉시 행동해야 하는지 아니면 해당 업무를 미룰 수 있는지 고민하게 된다.

당혹스럽거나 정신적으로 충격을 받았던 과거의 경험 때문에 실패에 대한 두려움이 생길 수도 있다. 예를 들어, 예전에 많은 청중들 앞에서 연설을 하다가 얼어붙은 적이 있다고 가정해 보자. 그 경험은 기억 속에 각인될 만큼 당황스러웠다. 그 뒤 다른 연설을 잘 해내서 이전에 충격적인 경험을 했을 때 느낀 감정이 사그라들지 않았다면 청중 앞에서 다시 연설하는 걸 꺼릴 수 있다. 연설을 아예 피할 수 없다면 적어도 그 시기를 늦출 방법을 찾을 것이다.

또 자기는 어떤 일을 할 수 없을 거라고 반복적으로 세뇌되는 바람에 실패에 대한 두려움이 생길 수 있다. 예를 들어, 자신이 형편없는 학생이라는 말을 계속 들은 아이는 시험을 두려워하게 되어 시험공부를 미룰 수도 있다. 영업 방식이 효과적이지 않다는 말을 자주 들은 영업 사원은 새로운 잠재 고객에게 전화 거는 걸 미룰 수 있다.

어떤 이들은 새로운 일을 시도하는 것에 선천적인 반감을 느낀다(나도 그런 사람 중 하나다). 종종 불안감까지 유발하는 이런 반감 때문에 행동을 취하는 걸 꺼리게 된다. 실제로 본인에게 선택권이 있으면 행동을 무기한 미루는 사람들도 있다.

실패에 대한 두려움을
극복하는 방법

첫째, 실패에 대한 두려움은 인간 본성의 일부라는 걸 알아야 한다. 자아는 우리가 추구하는 일에서 성공할 수 있는 능력과 맞물려 있다. 그래서 실패할 수도 있다는 생각이 들면 마음이 괴롭다.

둘째, 본인의 삶과 관련된 실패의 의미를 재정의한다. 실패를 성격적 결함의 결과물이라고 여기지 말고(예: 넌 불완전한 인간이니까 실패하게 돼 있어), 어떤 행동이나 전술이 효과가 없다는 걸 알려주는 단순한 피드백으로 다시 정의하자. 그러면 성공 가능성이 높은 다른 방법을 생각해 낼 수 있다. 즉, 실패를 억지로 견뎌야 하는 모욕으로 여기지 말고 유용한 데이터로 간주하는 것이다.

셋째, 세계에서 가장 성공한 사람들 중에도 인생의 여러 지점에서 처참한 실패를 맛본 이들이 있다는 걸 생각하자. 하지만 실패는 그들이 위대한 성공을 이루는 걸 막지 못했다. 오히려 실패는 그들이 앞으로 나아가기 위한 발판이 되었고 성공하려는 열망으로 그들을 가득 채웠다.

예를 들어 에이브러햄 링컨은 미국 대통령이 되기 전까지 수많은 선거에서 패했다. 영화감독 스티븐 스필버그는 성적이 좋지 않아 서던캘리포니아 대학에서 세 번이나 입학을 거절당했다. 해리 포터 시리즈의 저자인 J. K. 롤링은 과거 자신이 엄청난 실패를 겪었다고 고백했지만 결국 그런 실패가 그녀를 성공으로 이끌었다.*

같은 맥락에서, 농구 스타 마이클 조던은 NBA에서 활동했던 시간과 실패가 그에게 어떤 영향을 미쳤는지에 대해 다음과 같이 얘기했다.

"나는 농구 선수로 뛰면서 9,000번 이상 슛을 놓쳤다. 거의 300경기를 졌다. 동료들이 날 믿고 결승 슛을 던질 기회를 26번이나 줬지만 실패했다. 나는 살면서 계속, 계속 실패했다. 그것이 바로 내가 성공한 이유다."

실패에 대한 두려움을 극복하려면 최악의 결과를 생각해 보

---

* https://www.ted.com/talks/jk_rowling_the_fringe_benefits_of_failure

자. 아마 상상하는 것만큼 나쁘지는 않을 것이다. 그런 다음 실패가 자신에게 의미하는 바를 재정의하자. 실패했다고 해서 행동을 멈추는 게 아니라 이 피드백을 어떻게 활용할지 생각해 봐야 한다.

성공하는 게
두려워서

성공에 대한 두려움은 실패에 대한 두려움만큼이나 우리를 나약하게 만들 수 있다. 이는 개인적인 기대나 타인의 기대에 부응할 수 있는 능력에 대한 걱정에서 비롯된다. 이 때문에 행동을 미루는 사람들이 많다.

예를 들어, 상사가 회사에 새로운 부서를 만든다고 발표했다고 가정해 보자. 그는 당신이 그 일을 주도해 나가길 바란다. 당신이 할 일은 그 제안을 받아들이는 것뿐이다.

처음에는 자기가 부서를 이끌게 된다는 생각에 기뻐할 수도 있다. 남들의 주목을 받고 업무도 자율적으로 추진할 수 있으며 승진과 급여 인상도 따라올 것이다. 그러나 얼마 지나지 않아 의심이 스멀스멀 피어오르면서 자신의 능력에 의문을 품게 된다.

'내가 새로운 부서를 성공적으로 이끌 수 있을까? 상사의 기대에 부응할 수 있을까? 내가 중심을 못 잡고 비틀거리는 바람에 새로운 부서까지 모두 다 흔들리면 어떻게 하지?'

이런 의심을 방치하면 갈수록 심해져서 결국 아무것도 못하는 지경에 이를 수 있다.

성공에 대한 두려움은 성공이 가져올 도전에 대한 염려에서 비롯될 수 있다. 예를 들어, 당신이 회사의 새로운 부서를 업계에서 가장 주목받는 팀으로 키웠다고 가정해 보자. 그 다음엔 어떤 일이 일어날까?

상사가 당신에게 더 큰 프로젝트를 이끌어 달라고 요청하지 않을까? 이 가상의 대형 프로젝트를 진행하다가 실패하면 어떻게 될까? 계속된 성공으로 세간의 이목을 끌다 보면 정체성을 잃게 되지는 않을까?

때로는 죄책감 때문에 성공에 두려움을 느끼기도 한다. 예를 들어, 과거의 성공은 자기가 통제할 수 없는 어떤 요인에 의한 것이라고 생각할 수도 있다. 그 결과, 과거의 성공이 제공한 기회와 인정을 받을 자격이 없다고 느끼고 자신이 사기꾼 같은 기분까지 든다.

실패에 대한 두려움처럼 성공에 대한 두려움도 자기 파괴 행위다. 그런 두려움을 품게 된 이유가 무엇이든 결과는 똑같다. 즉, 일을 미루게 되는 것이다.

성공에 대한 두려움을 극복하는 방법

이 두려움을 극복할 때 어려운 점은 자기에게 그런 두려움이 있다는 걸 알아차리기 힘들다는 것이다. 성공에 대한 두려움이 미루기의 원인이라는 걸 깨닫지 못하고 그냥 꾸물거리는 거라고 착각한다.

먼저 성공이 두려워서 행동을 미루고 있다는 징후를 찾아보자. 혹시 인정받는 게 두려운지 자신에게 물어보자. 다른 사람들의 부정적인 시선이 걱정되는가? 기대한 만큼의 성과를 올리지 못할까 봐 불안한가?

둘째, 성공하면 어떤 일이 일어날지 자신에게 물어보자. 그러면 대개 자신의 가장 큰 두려움이 근거가 없다는 걸 알게 될 것이다. 두려움이 강력한 힘을 발휘하는 건 우리가 그 모습을 제대로 보지 못하기 때문이다. 그래서 정면으로 맞서면 줄어들게 된다.

셋째, 성공의 결과가 목표와 일치하는지 자문해 보자. 앞의 예에서, 회사에 신설된 부서가 당신의 유능한 지휘 아래 큰 성공을 거두었다고 가정해 보겠다. 그 성공이 인생에서 중요하다고 생각하는 것(예: 더 많은 급여, 더 높아진 주목도 등)을 달성하는 데 도움이 될까? 만약 그렇다면 이런 목표를 달성하기 위해 행동을 취하는 걸 기대하게 될 것이다. 그렇지 않은 경우에는 그 성공의 영향이 미미할 테니 걱정할 필요 없다.

어느 쪽이든, 이 실습은 예상되는 성공을 두려워해선 안 된다는 걸 보여준다.

일을 미루게 하는 두려움을 없애는 가장 효과적인 방법은 그 두려움에 맞서는 것이다. 실패에 대한 두려움에 맞설 때와 마찬가지로 성공에 대한 두려움도 별로 근거가 없다는 걸 알게 될 것이다.

완벽주의자라서

예전의 나는 심각한 완벽주의자였다. 그래서 당신이 스스로에게 부과한 기대 때문에 끊임없이 무기력해지는 증상을 겪는 사람이라면 충분히 공감할 수 있다.

완벽주의는 미루는 습관의 일반적인 원인이다. 완벽주의자는 본인이 정한 기준이 매우 높으며 그 이하의 기준은 받아들이지 않는다. 이 특성의 장점은 개인이 놀라운 품질과 깊이의 작품을 만들도록 자극할 수 있다는 것이다. 반면 단점은 애초에 앞으로 나아가는 걸 가로막을 수 있다는 것이다.

나는 어릴 때부터 완벽주의자였다. 내가 만든 모든 게 완벽해야만 했다. 어린 시절부터 나타난 이런 성격은 고등학교와 대학교에 진학한 뒤에도 계속되었다. 또 졸업 후 사회에 진출했을 때도, 나중에 회사를 그만두고 사업을 시작한 뒤에도 줄곧 나를 따라다녔다.

그것은 나한테 어떤 영향을 미쳤을까? 첫째, 허용 가능한 일이 무엇인지에 대한 관점이 완전히 왜곡되었다.

둘째, 일을 흠잡을 데 없는 수준으로 해내지 못할 것 같은 느낌이 조금이라도 들면 습관적으로 미루는 성향이 생겼다.

셋째, 완벽주의 성향 때문에 일을 미루면 미룰수록 점점 더 불행해졌다. 미루다 보면 스트레스와 좌절감이 커졌다. 결국 완벽주의 때문에 거의 모든 프로젝트에 대한 작업을 미루고 싶은 충동이 생겼고, 이로 인해 끔찍한 상황에 처했다.

공감이 가는가? 당신도 일을 처리하는 과정에서 나와 같은 행동을 한 적이 있는가? 그렇다면 미루는 습관이 어떻게 완벽주의의 증상일 수 있는지 본인의 경험으로 알 수 있을 것이다.

완벽주의를
극복하는 방법

먼저, 완벽한 결과물을 제시했을 때와 거의 완벽하지만 약간 결함이 있는 결과물을 제시했을 때의 보상 차이를 확인해 보자. 일반적으로는 차이가 매우 작다는 걸 알게 될 것이다. 어쩌면 너무 작아서 눈에 띄지 않을 수도 있다. 그렇다면 그 정도로 눈에 띄지 않는 차이 때문에 초조해할 필요는 없다.

둘째, 완벽주의자가 되는 데 따르는 비용을 생각해 보자. 완벽주의 때문에 골치를 앓았던 다양한 상황을 떠올려 보면 된다. 예를 들어, 완벽주의 때문에 무기력해지고, 스트레스 수준이 높아지고, 잠재적으로 보상받을 기회를 놓치게 된다.

셋째, 왜 완벽해지고 싶은지 스스로에게 물어보자. 대부분 정당한 이유가 없다는 걸 알게 될 것이다. 사실 완벽주의로 인해 기대가 비현실적일 때에도 그 기대를 충족시키지 못한다는 본질적인 두려움을 느끼게 된다.

마지막으로, 결과물이 불완전하더라도 노력을 통해 가치를 전달할 수 있다는 걸 알아야 한다. 예를 들어, 시험에서 95점을 받으면 100점을 받았을 때보다 마음에 들지 않겠지만 70점이나 80점을 받는 것보다는 낫다. 울타리가 완벽하게 다듬어지지 않더라도 일주일에 한 번씩 잔디를 깎는 건 가치 있는 일이다. 부부가 함께 가는 저녁 외출이 완벽하게 진행될 필요는 없다. 두 사람이 함께 시간을 보내는 것만으로도 충분히 즐겁기 때문이다.

내면의 완벽주의자는 우리 삶에 유의미한 가치를 부여하지 못한다. 저명한 소설가 앤 라모트는 "완벽주의는 압제자의 목소리다"라고 말했다. 그 목소리가 입을 다물게 하면 미루는 습관도 줄어들 것이다.

숨 막히는
느낌이 들어서

숨 막히는 기분을 느끼는 건 부끄러운 일이 아니다. 그건 누구에게나 일어난다. 의무와 책임이 계속 쌓이다 보면 어느새 그 아래에 파묻힌 듯한 기분이 든다. 그러면 불안한 기분이 몰려오기 시작하면서 아무 일도 못하도록 우리를 마비시키고 행동에 나서는 걸 방해한다.

전반적으로 압도되는 기분을 느끼게 되는 상황은 여러 가지가 있다. 가장 일반적인 경우는 프로젝트 여러 개를 저글링하듯 처리해야 하는 곤혹스러운 상황이다. 각 프로젝트마다 요구하는 것들이 많다 보니 결국 도저히 넘을 수 없는 산을 마주한 듯한 기분이 들게 된다.

하지만 이건 가장 일반적인 시나리오일 뿐이다. 사실 압도감은 많은 상황에서 비롯될 수 있다.

예를 들어, 부부 간의 불화로 불안해지면 무력감을 느낄 수 있다. 막대한 신용카드 대금도 동일한 효과를 발휘한다. 가까운 가족의 죽음을 겪으면 다른 모든 일에서 두 배로 스트레스를 받으면서 질식할 것 같은 기분이 든다. 새 집을 사는 것과 같은 인생의 중요한 결정은 스트레스 수준을 극적으로 높여서 수많은 부정적인 감정이 들어오는 문을 열 수 있다.

정보 과부하로 인해 압도감을 느끼기도 한다. 뭔가를 조사하다 보면 정보가 너무 많아서 앞으로 나아가기 어렵고 이런 우유부단함 때문에 무력해진다.

원인이 무엇이든, 압도감을 느끼면 중요한 일을 미루게 될 가능성이 높아진다. 일에 파묻힌 기분이 우리를 마비시켜서 적어도 그런 기분과 그로 인해 촉발된 부정적인 감정이 사라지기 전까지는 행동에 나서기가 어렵다.

압도감을
극복하는 방법

압도감을 느끼고 그 감정 때문에 일을 미루게 된다면, 한발 물러서서 이유를 찾아보자. 왜 그런 기분이 드는 걸까? 압도감을 느끼게 하는 원인이 정확히 무엇인가? 그래야 유발 요인에 대처하고 방해가 되는 감정을 해결할 계획을 세울 수 있다.

예를 들어, 잠을 충분히 못 자서 압도감을 느낀다고 가정해 보자. 그러면 신경 쇠약으로 화가 나고 사소한 짜증도 증폭된다. 이 경우 수면 부족이 원인이다. 마음이 효과적으로 기능하는 데 필요한 수면을 취할 수 있도록 계획을 세워야 한다.

프로젝트를 동시에 여러 개 처리하느라 스트레스를 받고 있다고 가정해 보자. 이때는 분산된 관심이 트리거 역할을 한다. 이 경우 모든 프로젝트를 세부적인 작업 단위로 쪼갠 다음 각 작업을 하나씩 해결하는 게 도움이 된다.

사랑하는 사람이 죽어서 주체할 수 없는 슬픔에 압도되어 있다고 가정해 보자. 이 경우 상담 치료가 매우 유용할 수 있다.

신용카드 청구서 때문에 불안하고 덫에 걸린 듯한 기분이 든다면 대금을 상환할 합리적인 계획을 세우는 게 중요하다.

압도되는 기분에 대처하고자 할 때, 모든 상황에 일률적으로 적용할 수 있는 해결책은 없다. 이 감정을 제어하는 가장 효과적인 방법은 근본이 되는 원인을 찾아서 그 뿌리부터 뽑아내는 것이다.

게을러서

게으름과 미루는 습관은 너무 밀접하게 얽혀 있어서 본질적으로 같은 것이라고 생각하는 사람이 많다. 하지만 사실 그 둘은 완전히 다른 개념의 행동이다. 게으름 때문에 일을 미루는 경우는 종종 있지만 습관적으로 일을 미루는 이들은 대부분 전혀 게으르지 않다.

몇 가지 정의를 통해 이 개념을 풀어 보겠다.

- 게으름은 일하는 걸 꺼리는 것이다.
- 미루기는 일 처리를 지연시키는 것이다.

둘의 차이가 다르다는 게 확실히 이해될 것이다.

미루는 사람은 그 일을 결국 해야 한다는 걸 알면서 그냥 나중으로 연기하는 것이다.

시험공부가 좋은 예다. 공부를 미루는 학생도 결국엔 자리에 앉아서 공부해야 한다는 걸 안다. 시험이 없어지지는 않을 테니까 말이다.

게으른 학생은 공부를 연기하는 게 아니라 완전히 피하려고 한다. 지금도, 앞으로도 주어진 과제를 해결할 생각이 없다. 그 일을 하려면 게으른 사람이 싫어하는 노력을 기울여야 하기 때문이다.

당신이 게을러서 습관적으로 마지막 순간까지 일을 미룬다고 가정해 보겠다. 최악의 경우 무기한 미룰 수도 있다. 체크리스트에 있는 중요한 일들을 처리해야 한다는 건 알지만 소파에 앉아 TV나 보고 싶다.

어떻게 해야 이 습관을 고칠 수 있을까?

게으름을
극복하는 방법

첫째, 자기가 게으른 이유를 파악해야 한다. 어떤 사람은 자존 감이 낮은 탓에 게으르고 어떤 사람은 당면한 일에 관심이 전혀 없기 때문에 게으름을 피운다. 또 어떤 사람은 자기가 동의하지 않는 일에 직면했을 때 그에 대한 대처 메커니즘으로 게으름을 이용한다.

대부분 게으름을 자연스러운 성격의 일부로 간주하지만, 대개는 그런 행동을 유발하는 근본 원인이 있다. 언제나 그렇듯이 그 유발 요인을 찾아내는 게 핵심이다.

둘째, 행동을 취하는 데 방해가 된다고 생각되는 장애물을 찾고, 이 장애물을 극복하는 게 실제로 불가능한지 자문해 보자. 자세히 살펴보면 신기루에 불과하다는 걸 알 수 있다. 아예 존재하지 않거나 생각보다 훨씬 영향력이 낮다. 어쩌면 본인의 게으름을 합리화하기 위해 스스로 만들어낸 것일 수도 있다.

예를 들어, 조깅을 하러 갈 동기를 부여하려 한다고 가정해 보자. 이때 발생 가능한 장애물은 운동화를 어디에 뒀는지 모른다는 것일 수 있다. 그러나 이게 진정한 장애물이 될 것 같지는 않다. 집 안에 운동화를 놔둘 곳이 그렇게 많지는 않으니 말이다. 이 사례의 경우 게으름을 합리화하려고 장애물을 만들어 낸 것이다.

셋째, 행동하는 습관을 들이자. 게으름으로 고생하는 사람들은 대부분 의욕 부족으로 그런 문제가 생긴다고 여긴다. 하지만 사실 의욕은 모든 사람에게 일시적이다. 행동하는 사람과 변명하는 사람을 구분하는 건 행동하는 습관이다.

좋은 소식은 모든 습관이 다 그렇듯이 이 습관도 학습할 수 있다는 것이다. 중요한 건 시간과 일관된 적용이다.

지루해서

며칠 전에 블로그 게시물을 작성하려고 컴퓨터 앞에 앉았다. 당신은 내가 훈련받은 사람이니까 집중해서 기록적인 시간 안에 일을 끝마쳤을 거라고 생각할 것이다. 말하기 부끄럽지만 그런 일은 일어나지 않았다.

대신 다른 블로그 글을 읽고, 자주 방문하는 게시판에 들어가고, 내 광고에 대한 성과를 확인했다. 블로그 게시물을 작성하는 것만 빼고 온갖 일을 다 한 것이다.

몇 분이 지나서야 그 이유를 알았다. 난 지루했다. 그 지루함은 결국 내가 블로그 게시물을 쓰는 데 관심이 없다는 것을 뜻한다. 그래서 대부분의 사람들이 피하고 싶은 일에 직면했을 때 하는 일을 했다. 일을 미룬 것이다.

곰곰이 생각해 본 결과 내가 지루함을 느낀 이유가 뭔지 알아냈다. 블로그 게시물로 다룰 주제에 전혀 관심이 가지 않았던 것이다. 지루함에 맞서 싸우면서 억지로 그 주제에 관한 글을 쓰느니 차라리 그걸 포기하고 내가 집중할 수 있는 다른 주제를 택하기로 했다.

그러자 내 손가락이 키보드 위를 날아다녔고 계속 집중해서 일을 할 수 있었다.

이렇게 갑자기 행동이 바뀐 이유가 뭘까? 새로 선택한 주제가 흥미로웠기 때문이다. 덕분에 미루는 태도를 쉽게 극복할 수 있었다. 사실 의식적으로 그런 결과를 추구한 건 아니다. 그냥 글을 쓰기 시작했고 나머지는 막힘없이 자연스럽게 진행되었다.

자기가 일을 미루고 있다는 걸 느낄 때마다 그 일이 지루한지 자문해 보자. 지루함을 느낀다면 그걸 없애서 행동을 방해하는 정신적인 장애물을 제거하자.

지루함을
극복하는 방법

어떤 일에 지루함을 느끼는 이유는 몇 가지가 있다. 그중 하나
는 그 일에 관심이 없는 것이다(위에서 얘기한 내 개인적인 사례와
유사하다). 아니면 너무 익숙해서 자면서도 할 수 있는 반복 작
업을 하고 있을지도 모른다. 혹은 그 일이 왜 중요한지 몰라서
지루함을 느낄 수도 있다.

지루함을 극복하는 방법은 지루함을 느끼는 이유에 따라서
달라진다.

어떤 일에 관심이 가지 않는다면 정신을 자극할 수 있는 상
황을 만들어 보자. 최대한 창의력을 발휘해야 한다. 일례로 작
업을 수행할 때 다양한 기술을 활용할 방법을 찾는 것이다. 아
니면 일을 완료하는 과정에 다른 사람들을 참여시키는 것도 한
가지 방법이다.

반복 작업을 하는 경우에는 그 작업을 재미있게 할 수 있도
록 작은 게임을 만들어 보자. 예를 들어, 20분 동안 한 번도 실
수하지 않고 봉투를 몇 개나 채울 수 있을까? 동료가 같은 작업
을 하고 있다면 선의의 경쟁을 벌이는 것도 좋다.

지금 하는 작업이 왜 중요한지 잘 모르겠다면 상사에게 설명

을 부탁한다. 상사가 없는 경우에는 해당 작업을 꼭 해야 하는지 여부부터 결정하자.

지루함은 본인이 만드는 것이다. 우리는 지루함을 느끼게 하는 요인을 통제할 수 있다. 이는 곧 지루함을 극복하는 데 도움이 되는 맞춤형 전략을 개발하고 이를 통해 미루고자 하는 충동까지 극복할 수 있다.

힘든 일은
하기 싫어서

대부분의 사람들은 노력이 빠른 보상으로 이어지지 않는 이상 열심히 일하는 걸 싫어한다. 예를 들어, 차를 기꺼이 세차하는 건 하자마자 차 외관이 좋아 보이기 때문이다. 또 좋은 성적을 얻으려고 다가오는 시험에 대비해 공부한다. 이메일 계정의 읽지 않은 편지함이 비어 있으면 금세 기분이 좋아지기 때문에 메일을 빨리 읽고 정리하려 한다.

반면 운동을 하고자 하는 의욕을 끌어올리는 건 어렵다. 왜 그럴까? 운동의 효과가 겉으로 드러나려면 앞으로 몇 주, 혹은 몇 달이 지나야 하기 때문이다. 또 부업을 위해 필요한 시간을 투자하는 것도 어렵다. 그 사업이 성공하기까지 수 년이 걸릴 수도 있기 때문이다.

당신도 공감할 것이다. 다들 마찬가지다.

많은 노력이 필요하지만 중요하지 않은 일의 경우, 단시간 내에 만족감을 주지 못하면 미룰 가능성이 높다. 저항감이 가장 적은(혹은 다른 것보다 적은) 경로를 택하는 게 훨씬 쉽다. 여기에는 TV 시청, 친구들과 어울리기, 노력이 적게 드는 일 처리하기 등이 포함될 수 있다.

문제는 노력이 많이 필요하다는 이유로 일을 미뤄버리면, 그렇게 미룬 일들이 쌓여서 미래의 스트레스와 죄책감의 발판이 된다는 것이다. 그러므로 힘든 일에 대한 선천적인 저항감을 극복해야 한다.

힘든 일에 대한 거부감을
극복하는 방법

힘든 일을 수행하기 위해 찾아낸 가장 효과적인 전략은 시스템을 마련하는 것이다. 시스템이 있으면 동기나 의지력에 의존할 필요가 전혀 없다. 대신 미리 계획해 둔 일정과 체크리스트를 보완하는 습관에 의해서 내 행동이 결정된다.

힘든 일이 하기 싫어서 미루는 경우가 많다면, 다음과 같은 방법을 시도해 보는 걸 강력히 권한다.

추가 수입을 얻기 위해 부업 삼아 사업을 하나 벌인다고 가정해 보겠다. 어떤 분야든 사업을 한다는 건 힘든 일이다. 많은 시간과 관심을 쏟아야 한다. 그리고 보상은 대개 몇 달, 심지어 몇 년 정도 기다려야 얻을 수 있다.

그런 암울한 상황에서 사업을 벌일 생각을 하면 내면의 많은 저항에 부딪치게 될 것이다. 당신의 정신은 사업하는 데 필수적인 일을 미루고 대신 더 재미있고 즉각적인 만족감을 느낄 수 있는 일에 집중하라고 꼬드길 것이다.

시스템을 구축하면 이런 저항을 극복할 수 있다. 예를 들어, 매일 저녁 6시부터 7시까지는 부업에 전념하기로 결심하는 것이다. 몇 주 동안 그렇게 하면 이것이 습관이 된다. 의욕이 있든 없든 상관없이 매일 그 시간에는 부업과 관련된 작업을 하게 된다.

아니면 새로 시작한 사업을 순조롭게 출발시키는 데 꼭 필요한 작업 세 가지를 정해서 매일 아침 일어나자마자 그것부터 처리할 수도 있다.

시스템을 따르면 더는 최종 목표를 달성하는 데 드는 엄청난 시간과 노력에 초점을 맞추지 않게 된다. 대신 그날 해야 할 일에만 집중한다. 그리고 중요한 건 매일 행동을 취하는 습관을 기르게 된다는 것이다.

꼭 필요한 일을 하면 일상적인 노력을 통해 결국 원하는 결과를 얻을 수 있는데, 이 사례에서는 부수입을 창출하는 사업이다.

자존감이
낮아서

자기 비하란 마음속으로 자신을 얕보는 행위다. 본인의 능력과 기술을 폄하하고, 극단적인 경우 자기가 뭔가를 할 수 있는 능력이 있기는 한 건지 의심하기 시작한다. 그렇게 자신에 대한 믿음을 잃는다.

자기 비하는 자신을 파괴하는 행위다. 그건 내면의 비판자(우리 모두 내면에 한 명씩 가지고 있는)가 자신감을 짓밟도록 허용한다. 문제는 내면의 비판자가 중얼대는 부정적인 말들이 대부분 잘못된 것이라는 점이다. 적어도 지나치게 비판적이라서 이의를 제기할 만하다.

내면의 비판자가 당신의 생각을 자유롭게 통제하도록 내버

려둔다면, 머릿속이 자신에 대한 의심으로 가득 차서 틀림없이 일을 미루게 될 것이다. 자기 비하에 빠지면 자기가 실패할 운명인 것처럼 느끼게 된다. 그 결과 효과적으로 행동할 수 있는 능력을 불신하기 때문에 행동을 취하는 걸 주저하게 된다.

예를 들어, 자기 전문 분야에서 고급 학위를 취득하려 한다고 가정해 보자. 하지만 내면의 비판자는 학위를 취득하려면 해야 할 일이 너무 많아서 아마 실패할 거라고 속삭인다.

이런 자기 비하를 가로막지 않고 계속하게 놔둔다면 선호하는 대학원 과정에 등록하는 것을 미루게 될지도 모른다. 그리고 너무 오래 미루다가 기회를 완전히 놓칠 수도 있다.

다행히 우리는 이런 내적 비판자의 샌드백이 될 필요가 없다. 자기 비하를 침묵시키고, 자신에 대한 의심을 떨쳐버리고, 자신 있게 행동하는 습관을 들일 수 있다.

낮은 자존감을 극복하는 방법

내면의 비판자를 침묵시키는 첫 번째 단계는 비판자의 모든 주장에 이의를 제기하는 것이다. 그가 "넌 실패할 거야"라고 속삭이면 즉시 그 주장에 반박한다. 왜 실패할 운명인지 스스로에게 물어보자. 어떤 요인이 실패에 영향을 미칠 것으로 예상되는가? 어떤 상황 때문에 성공이 불가능해질까?

다시 말해, 그 주장을 뒷받침하는 증거는 무엇인가?

자기 비하에 밝은 등을 비추면 사라져 버린다. 강하게 밀어붙이면 견디지 못하는 것이다.

두 번째 단계는 상황을 균형 있게 바라보는 것이다. 앞서 얘기한 자기 전문 분야에서 고급 학위를 취득하고 싶어 하는 사례를 이용해 보겠다. 당신 내면의 비판자는 학위를 취득하려면 해야 할 일이 너무 많아서 끝까지 해내지 못할 거라고 속삭인다.

하지만 이 주장이 사실일까?

당신은 아마 학위 취득을 위해 얼마나 노력해야 하는지 확실히 알고 있을 것이다. 이미 학부 과정을 마쳤기 때문이다. 그래서 얼마나 공부해야 하는지 예상하여 그에 대비하고 있다. 필요한 시간과 노력을 기꺼이 투자한다면 내면의 비판자가 뭐라고 하든 성공할 것이 거의 확실하다.

세 번째 단계는 칭찬을 받아들이는 법을 배우는 것이다. 자기 비하에 빠져 있는 사람들은 대부분 다른 사람이 자기를 칭찬하면 불편해한다. 그 불편함은 다른 이들의 칭찬과 본인이 생각하는 자기 모습이 상충되기 때문에 발생한다.

칭찬을 받아들이기 힘들다면 편하게 받아들일 수 있도록 노력해야 한다. 다른 사람의 칭찬은 자기 인식을 재설계하는 데 도움이 된다. 누군가 당신을 칭찬하면 그냥 "고맙습니다"라고 말하자. 이런 간단한 방법이 내면의 비판자를 진정시키는 데 얼마나 효과적인지 놀랄 것이다.

내면의 비판자가 침묵하면 일을 미룰 가능성이 줄어들고 자신의 기술과 능력에 자신감을 갖고 행동하려는 경향이 커진다.

유리멘탈이라서

일이 계획대로 진행되지 않으면 금방 좌절감을 느끼는가? 상황이 뜻대로 되지 않을 때 분노하거나 절망하는 경향이 있는가? 이런 감정은 약한 멘탈과 관련이 있다.

약한 멘탈은 좋지 않은 사건을 실제보다 훨씬 나쁘게 인식하는 사고방식이다.

예를 들어, 출근 시간이 늦어서 서둘러 차를 몰고 사무실로 가고 있는데 빨간 신호등에 걸렸다고 가정해 보자. 대부분의 사람들은 '이런, 운도 없네. 할 수 없지 뭐'라고 생각한다.

하지만 멘탈이 약한 사람은 '말도 안 돼! 이미 늦었는데 빨간 불 때문에 상황이 더 악화됐어. 아침부터 엉망진창이네!'라고 생각할 수 있다.

좋지 않은 일을 참지 못하는 사람은 이상적이지 못한 결과로 이어질 수 있는 상황을 본능적으로 피하려고 노력한다. 일이 '너무 어렵고', 책임은 '부당하며', 프로젝트는 '실행이 불가능' 해진다.

결과적으로 일을 미루게 된다. 작업을 연기하고, 책임을 회피하고, 프로젝트는 방치한다. 그 대안(행동을 취하는 것)은 언제나 역경과 고통을 수반할 가능성이 있기 때문에 무력한 상태로 아무것도 하지 않게 된다.

약한 멘탈을
극복하는 방법

나도 이런 사고방식을 지니고 있었다. 작은 문제에도 크게 괴로워해서 종종 다른 일에 집중할 수 없을 정도였다. 그건 비합리적인 태도였고 거의 항상 일을 미루게 만들었다.

그래도 여러 가지 전술의 도움을 받아 결국 이 문제를 해결할 수 있었다. 그 전술을 간략하게 설명하면 다음과 같다.

첫째, 고통을 이겨내지 못하는 건 대부분 내 마음 때문이라는 걸 깨달았다. 즉, 일이 뜻대로 되지 않았을 때 느끼는 초조함은 외부 자극 때문이 아니라 그 자극을 내면화하는 방식 때문이었다.

예를 들어 가장 좋아하는 식당에 자리가 나기까지 30분을 기다려야 한다는 사실 때문에 괴로운 게 아니라 내 조바심 때문에 괴로운 것이다.

둘째, 부정적인 사건을 1부터 10까지 등급을 나눠서 분류하는 습관을 들였다. 1은 그 사건이 무해하다는 뜻이고 10은 전시 상황인 데프콘 1에 해당하는 긴급 사태라는 뜻이다. 이렇게 사건의 등급을 매기자 각 사건을 적절한 관점에서 바라볼 수 있게 되었다.

예를 들어, 빨간 신호등에 걸리는 건 불편하긴 하지만 교통사고가 나서 차가 완전히 파손되는 것보다는 훨씬 덜 심각한 일이다. 따라서 훨씬 적은 반응만 보여도 충분하다. 이런 기준에 따라 빨간 신호등을 평가하자 좀 더 실용적인 관점을 얻을 수 있었다.

셋째, 좋지 못한 상황에 둔감해질 수 있는 기회를 일부러 만들었다. 그렇게 하자 일이 뜻대로 되지 않을 때에도 냉정을 잃지 않게 되었다.

예를 들어, 나는 가장 좋아하는 식당이 붐빌 거라고 예상되는 시간에 방문하곤 했다. 그러면 자리가 나기까지 기다려야 하는 것도 쉽게 익숙해졌고, 결국 이런 방법을 이용해 내 조급함을 받아들이는 법을 배웠다.

이런 조치 덕에 즉각적인 만족을 방해하는 상황에 점점 더 관대해졌다. 그 결과 일을 미루는 습관이 줄었고 일이 계획과 다르게 흘러갔을 때 생기는 좌절감도 잘 처리할 수 있게 되었다.

분명히 말해 두지만 나는 인내심이 강한 사람이 아니다. 하지만 이제 부정적인 사건 때문에 생기는 괴로움과 불편함을 두려워하지 않는다.

약한 멘탈 때문에 어려움을 겪고 있다면 위에 설명한 세 가지 단계를 시도해 보기 바란다. 주변에서 일어나는 모든 일을 인식하는 방식이 근본적으로 바뀌게 될 것이다.

어디서부터
시작해야 할지 몰라서

혹시 다음의 시나리오가 익숙하게 느껴지는가?

당신 앞에 산더미 같은 일이 놓여 있다. 체크리스트가 너무 길어서 그 목록에 있는 작업을 다 완료할 수는 없다는 걸 알고 있다. 고민하는 중에도 일할 수 있는 시간은 째깍째깍 흘러가고 있다.

당신은 멘탈이 나간 상태다. 일이 산적한 탓에 어디서부터 시작해야 할지를 모르겠다.

그래서 일을 미룬다. 눈앞의 산더미 같은 일을 처리하는 것보다 이메일을 확인하는 편이 더 쉽다.

또 하나의 일반적인 시나리오는 다음과 같다.

당신은 중요한 프로젝트를 완료할 책임이 있다. 프로젝트 결과가 자신의 경력이나 사회적 지위(또는 둘 다)에 영향을 미칠 것이다. 그래서 가능하면 최선을 다해 일에 임하고 싶다.

문제는 어떻게 행동해야 할지 확신이 서지 않는다는 것이다. 그래서 일을 미룬다. 특히 중요한 프로젝트의 경우 시작할 방법을 정하는 것보다 페이스북을 확인하는 편이 더 쉽다.

당신에게 익숙할 또 다른 시나리오도 있다.

중요한 작업을 완료해야 하는데 필요한 정보가 부족한 것이다. 어쩌면 정보를 얻는 방법을 알고 있지만 그 과정이 유쾌하지 않을 수도 있고(예: 싫어하는 사람에게 도움을 청해야 하는 등), 정보를 얻는 방법을 전혀 모를 수도 있다. 어느 쪽이든 꼼짝 못하는 상황이다.

그래서 일을 미루고 있다. 이 문제를 해결하는 것보다 최신 뉴스 헤드라인을 살펴보는 게 더 쉽다.

일이나 프로젝트를 어떻게 시작해야 할지 잘 모르면 주의가 산만해지기 쉽다. 다른 방식으로 행동하도록 스스로 훈련하지 않으면 자연스러운 충동을 따르게 된다. 즉, 문제를 피하고 일을 미룰 수 있는 행동을 추구하는 것이다. 즉각적인 만족감을 제공하는 행동은 두 배의 매력을 느낄 수 있다. 이메일 읽기, 페이스북 확인, 뉴스 헤드라인 훑어보기, 비디오 게임, 유튜브 시청 등이 여기 포함될 것이다.

위의 시나리오 같은 상황 때문에 어려움을 겪는 경우가 자주 있는가? 그렇다면 이 문제를 해결하기 위해 다음과 같이 해보자.

시작하는 법을 모를 때
극복하려면

산더미처럼 쌓인 일 때문에 무력감을 느낄 때 가장 좋은 방법은 그냥 시작하는 것이다. 작업 하나를 골라 그냥 해결하면서 그동안 다른 작업은 모두 무시한다.

어떤 작업을 택하든 상관없다. 중요한 건 조치를 취하는 것이다. 일단 시작하면 추진력이 생기기 때문에, 첫 번째 작업을 하고 나면 두 번째 작업을 하게 되고 곧 다음 작업으로 이어진다.

프로젝트를 수행하기 위한 최선의 방법을 몰라서 일을 미루고 있다면 다양한 접근 방식에 따른 잠재적 결과를 다시 평가해 보자. 특정한 방식의 결과가 훨씬 덜 심각할 때 잠재적인 재앙을 예상할 가능성이 높다.

이런 유형의 미루기는 실패에 대한 두려움과 관련이 있다. 그런 결과가 생길 것 같지 않더라도 우리는 최악의 상황을 두려워한다. 이 두려움 때문에 무력해지고 뇌가 다른 오락거리를 찾는 것이다. 하지만 이런 두려움은 비합리적이라는 걸 알아야 한다. 그 원인을 자세히 조사하면 사라져 버린다.

작업이나 프로젝트를 완료하는 데 필요한 정보가 부족하다면 이를 입수할 수 있는 가장 간단한 방법을 찾아보고, 어려움이 있어도 그 방법을 밀고 나가야 한다. 예를 들어, 정보를 얻기 위해 싫어하는 사람에게 도움을 청해야 한다면 싫어도 그래야 한다는 걸 받아들이자. 쓴웃음을 지으며 참아야 한다. 가능하면 그 사람에게 화해를 청할 기회로 삼는 것도 좋다.

어디서부터 어떻게 시작해야 하는지에 대한 불안감은 우리가 스스로에게 부과한 두려움이다. 다시 말해 우리 힘으로 통제할 수 있다는 뜻이므로 좋은 소식이다. 행동을 취하면 의심이 사라지고 자신감이 생긴다. 또 불확실성으로 인한 고통을 피하기 위해 뇌가 딴 데로 주의를 돌리는 것도 막을 수 있다.

결정장애라서

우유부단함은 행동을 취하는 능력을 방해하는 가장 큰 적이다. 그건 우리를 무력화시키고 앞으로 나아가지 못하게 만든다. 그래서 끝없이 이어지는 고민의 루프에서 벗어날 수 있을 때까지 작업과 프로젝트가 연기된다.

어떤 행동을 하든 먼저 두 가지 중 하나를 선택해야 하는 경우가 많다. 우리는 갈림길에 도달하면 나아가기 전에 앞에 놓인 선택지를 고민한다. 이는 자연스럽고 유익한 과정이며 우리 목표와 상황에 가장 잘 맞는 길을 고르는 데 도움이 된다.

그러나 어떤 사람은 무한한 고민의 루프에 빠지게 된다. 그 단계에 갇혀서 자기 앞에 놓인 선택지 가운데 하나를 고르지 못하고, 이런 우유부단함 때문에 계속 행동을 미룬다. 극단적인 경우, 예를 들어 상사가 해고하겠다고 위협할 정도로 충분히 설득력 있는 행동 동기가 없으면 끝없이 미루기도 한다.

우유부단함은 여러 요인에서 비롯될 수 있으며 그중 일부는 이미 살펴봤다.

예를 들어, 좋지 못한 선택지를 골라서 그것 때문에 성공하지 못할까 봐 걱정할 수도 있다(실패에 대한 두려움). 아니면 잘못된 선택으로 인해 불완전한 결과물이 나오는 걸 우려하거나(완벽주의) 마음에 들지 않는 결과가 나오는 게 두려울 수도 있다(위험에 대한 거부감).

원인이 무엇이든 우유부단함 때문에 항상 일을 미루게 된다. 자기가 올바른 선택을 했다는 확신이 들 때까지 일을 미룰 가능성이 높은데, 물론 이런 상황이 무한정 지속될 수도 있다.

나도 이런 경험이 있다. 나도 여러 가지 선택지 중에서 하나를 선택하는 데 큰 어려움을 겪었다. 이 문제를 극복하기 위해 사용했던 간단한 전술을 몇 가지 소개한다.

우유부단함을
극복하는 방법

우유부단함을 극복하기 위한 가장 중요한 단계는 결정을 내리겠다고 결심하는 것이다. 주어진 선택지 가운데 무심코 안 좋은 쪽을 고르는 한이 있더라도 어쨌든 행동을 취하겠다고 결심해야 한다.

일단 행동을 취하고 나면 더 나은 결정을 내리기 위한 추가적인 정보를 기다리면서 그때까지 일을 미루려는 충동이 차단된다. 사실 결정을 내릴 때 추가로 정보가 필요한 경우는 거의 없으므로 이건 좋은 방법이다. 대부분, 서로 상충되는 선택지 중에 하나를 고르는 걸 미루기 위해 정보가 더 필요하다고 자신을 합리화시키는 것뿐이다. 그게 미지에 대한 두려움과 불편함에 대처하는 우리 방식이다.

이때 기억해야 할 점은 이런 두려움과 불편함을 정당화할 수 있는 상황이 거의 없다는 것이다. 이상적이지 않은 선택지를 골랐을 때 발생하는 실제 비용은 일반적으로 무시할 수 있는 수준이다. 하지만 두려움과 불편함이 우리가 결정할 수 있는 능력을 앗아가는 바람에 발생하는 비용은 상당하다. 그것이 우리의 생산성을 떨어뜨린다.

불확실한 상황에 처했을 때 행동을 취하겠다고 결심하는 것 외에, 불완전한 결정을 내리는 데 익숙해지는 것도 중요하다.

이건 내가 우유부단함을 극복할 때 매우 효과적이었던 방법이다. 난 "내가 잘못된 선택을 했을 때 일어날 수 있는 최악의 상황은 무엇인가?"라고 자문하는 습관을 들였다. 대부분 최악의 시나리오도 전혀 나쁘지 않았다. 기껏해야 이상적인 선택지를 골랐을 때보다 약간 손해를 보는 정도였다.

예를 들어, 난 친구들과 같이 갈 식당을 고를 때마다 고민에 잠긴다. 우리 멕시칸 레스토랑에서 만날까? 아니면 중국 음식점? 아니면 고급 버거 전문점? 이렇게 결정을 내릴 때 지나치게 고민하다가 그 과정에서 무력감을 느끼곤 한다. 그러다 보면 당연히 예약이 불가능해지는 시점까지 결정을 미루게 된다.

결국 어떤 식당을 선택하느냐는 중요하지 않다. 최악의 시나리오는 불쾌한 서비스나 맛없는 음식을 견뎌야 하는 것 정도다. 그러나 그런 위험은 어느 식당에나 있게 마련이다. 결국 정말 중요한 건 친구들 모두가 만나서 즐거운 시간을 보냈다는 점이다. 우리는 장소에 상관없이 그렇게 했을 것이다.

요컨대, 우유부단함 때문에 어려움을 겪고 있다면 일단 행동을 취하는 습관을 들이자. 심사숙고 단계를 빨리 종료해야 한

다. 어떤 선택을 하든 결과는 상상하는 것만큼 나쁘지 않을 것
이다.

당장의 달콤함에
취해서

지금 당장 이득을 얻는 것과 미래에 이득을 얻는 것 중에 하나를 선택해야 하는 상황에서, 다른 변수가 모두 동일하다면 모두들 전자를 선택할 것이다. 만족을 지연시켜야 하는 설득력 있는 이유가 없기 때문이다.

예를 들어, 누군가가 오늘 또는 1년 뒤에 100달러를 주겠다고 제안한다면 다들 오늘 받기를 원할 것이다. 물론 인생이 그렇게 단순한 경우는 거의 없다.

대부분 즉각적인 만족을 택한다는 건 나중에 받게 될 더 큰 보상 대신 당장의 작은 보상을 택한다는 뜻이다. 예를 들어, 흥청망청 쇼핑을 하느라 1,000달러를 썼다고 가정해 보자. 그러면 즉각적인 만족을 얻을 수 있다. 그러나 그 1,000달러를 투자했다면 장기간에 걸쳐 기하급수적으로 증가해서 은퇴할 때쯤 훨씬 큰 보상을 안겨줬을 것이다.

때로는 단기적인 만족을 택할 경우 미래의 목표가 방해를 받는다. 체중을 줄이기 위해 군것질을 끊기로 결심했다고 가정해 보자. 그런데 갑자기 맛있는 도넛이 먹고 싶다는 유혹이 든다. 이 유혹에 굴복하면 매력적인 맛, 당 섭취에 따른 일시적 흥분, 도파민 분비 같은 즉각적인 보상을 얻을 수 있다. 하지만 장기적인 목표인 체중 감량에는 방해가 될 것이다.

많은 이들의 경우 일을 회피하면서 즉각적인 만족을 추구한다. 우리의 결정은 당장 받으리라고 예상되는 보상에 의해서만 정해지는 게 아니다. 그보다는 어떤 결정을 내리면 다른 것에 대한 조치를 미룰 수 있기 때문에 그렇게 결정하는 경우도 많다.

잔디 깎는 걸 예로 들어 보자. 당신은 그 일을 싫어하기 때문에 어떻게든 미룰 방법을 찾으려 하고, 잔디밭 문제를 해결하기보다는 TV를 보고 싶은 유혹이 들 것이다.

여기서는 좋아하는 프로그램이 동기가 되는 게 아니다. 결정을 내리는 시점에는 보고 싶은 프로그램을 방송하지 않을 수도 있다. 이때의 진정한 보상은 당면한 작업을 피할 수 있다는 것이다.

꼭 해야 하는 일과 프로젝트를 피하기 위해 현재의 안락을 추구하는 다양한 방법을 생각해 보자. 페이스북을 확인하고, 유튜브 동영상을 보고, 블로그를 읽고, 이메일을 확인하고, 아마존에서 물건을 구입하고, 친구들에게 문자 메시지를 보내기도 한다.

문제는 이런 방해 요소들이 아니다. 진정한 문제는 그걸 일을 미루는 수단으로 쓰려고 하는 우리 태도다.

당장의 달콤함을
포기하는 방법

즉각적인 만족은 마약과도 같아서 한번 경험하면 그 경험을 계속 재현하고 싶어진다. 시간이 지나면서 중독성 있는 습관이 생기기 쉽다.

당신도 공감할 것이다. 즉각적인 만족을 주는 행동을 하느라 중요한 일을 계속 미루면 그 습관이 깊게 뿌리내릴 가능성이 크다. 그러면 거의 본능적으로 그런 결정을 내릴 수 있다.

이런 습관에서 벗어나 현재의 편안함을 포기하고 당장 해야 할 일을 실행에 옮길 수 있는 팁이 몇 가지 있다.

먼저 일을 미뤘을 때의 결과를 생각해 보자. 그러면 결국 형편없는 결과물을 내놓게 될까? 마감일을 놓치지는 않을까? 일을 미루면 스트레스 수준이 높아지고 일이 자꾸 쌓이면 압도되는 기분을 느끼게 될까?

장기적인 결과를 무시하면 미루기를 정당화하는 게 더 쉬워지는데, 이런 결과가 발생한다는 걸 솔직하게 인정하면 그런 정당화가 약해진다.

둘째, 충동 조절을 연습한다. 즉각적인 만족을 추구하는 성향은 충동 억제 능력과 관련이 있다. 이런 충동은 너무 강해서 저항이 거의 불가능하다.

다행히 충동을 조절하는 방법은 배울 수 있다. 핵심은 천천히 시작하고 시간이 지나면서 규율이 몸에 배도록 하는 것이다.

예를 들어, 평소 SNS를 확인하면서 중요한 일을 미룬다면 웹사이트 차단 앱을 이용해서 페이스북과 X(트위터)를 30분 동안 차단하자. 그리고 매주 차단 시간을 조금씩 늘려가는 게 좋다.

세 번째 전술은 충동을 원천적으로 차단하는 것이다. 휴대폰에서 SNS 앱을 삭제하자. 자주 들어가 시간을 낭비하는 웹사이트 즐겨찾기도 브라우저에서 삭제하자(URL을 수동으로 입력해야 하면 해당 사이트를 방문하지 못하게 될 수도 있다). 해야 할 일을 회피하는 수단으로 TV를 자주 보는 경우에는 리모컨을 가져오기 힘든 곳(예: 멀리 떨어진 창고 선반 위 등)에 놓아두면 좋다.

넷째, 보상 체계를 만든다. 만족을 지연시키고 중요한 행동을 취하는 데 성공할 때마다 자신에게 적절한 보상을 하는 것이다.

내 친구는 포인트 제도를 이용한다. 성공할 때마다 자신에게 포인트를 주고 실패하면 포인트를 차감한다. 일정한 포인트를 모으면 자기가 원하는 보상을 허용한다.

만족을 지연시키는 방법을 배우면 미루는 습관이 줄어든다. 이 기술은 충동을 효과적으로 제어할 수 있을 뿐만 아니라 생산성을 높이고 스트레스를 줄여 준다.

페널티가
바로 돌아오지 않아서

부모님이 방을 청소하라고 시키던 어린 시절을 떠올려 보자. 부모님의 말을 듣지 않을 경우 생기는 결과는 예상할 수 있다. 친구들과 밖에 나가 놀 수 없거나, TV를 보지 못하거나, 좋아하는 비디오 게임을 할 수 없을 것이다.

이런 결과가 먹구름처럼 다가오면 방 청소를 하게 된다. 행동을 취하지 않을 경우 예상되는 페널티 때문에 미루지 않게 되는 것이다.

이건 우리가 고려해야 하는 중요한 교훈이다. 일을 미루는 사람들 중에는 그렇게 해도 즉각적인 결과가 발생하지 않기 때문에 미루는 이들이 많다. 더는 부모님과 선생님이 어깨 너머로 우리를 감시하지 않는다. 상사는 지시를 내리고 마감일을 정한 다음 우리 마음대로 하게 내버려둔다.

자율성은 매력적이지만 습관적으로 미루는 사람에게는 위험한 것이기도 하다. 페널티가 즉시 돌아올 위험이 없으면 당장 만족감을 주는 행동을 하느라 중요한 작업과 프로젝트를 미룰 가능성이 높다.

예를 들어, 상사가 당신에게 다음 주에 다른 직원들을 상대로 프레젠테이션을 하는 임무를 맡겼다고 가정해 보자. 준비를 미뤄도 내일 당장 나쁜 일이 일어나지는 않을 것이다. 다음 날이나 그 후에도 마찬가지다. 결국 일주일 내내 시간이 있는 셈이다. 아무런 행동을 취하지 않아도 즉각적인 영향이 없다고 생각하면 인터넷 서핑, 뉴스 기사 읽기, 유튜브 시청으로 시간을 낭비하고 싶은 유혹을 느낄 수 있다.

즉, 페널티가 즉시 눈에 보일 위험이 없으면 일을 미루게 될 가능성이 높다.

아이러니한 점은 미루면 항상 대가를 치러야 하는데 그 대가가 상당하다는 것이다. '미루는 습관은 어떤 대가를 치를까?'에서 그중 많은 것들을 살펴봤다. 따라서 당장 부정적인 결과가 드러나지 않는다는 이유로 행동을 미루는 건 잘못된 일이고 근시안적인 행동이다. 이렇듯 습관적으로 일을 미루면 개인적인 삶과 경력에 매우 부정적인 영향을 미칠 수 있다.

나도 이 교훈을 힘들게 얻었다. 사실 완전히 익숙해지기까지 계속 반복해서 배워야 했다. 내가 과거에 습관적으로 일을 미뤘던 이유는 페널티가 즉각적으로 나타나지 않았기 때문이다. 그래서 미루기의 대가가 미미하다고 확신했다.

이 이론은 완전히 잘못된 것으로 판명되었고, 내 무지로 인해 내 인생과 경력, 부업이 어려움을 겪었다.

긍정적인 격려의 말로 마무리하자면, 난 이제 습관적으로 미루는 사람이 아니다. 그 짐승을 길들였다. 그리고 '2장: 미루는 습관을 극복하는 21가지 방법'에서 내가 정확히 어떻게 했는지 알려주겠다.

2장으로 넘어가기 전에 당신의 미루는 성향을 알아보기 위해 간단한 테스트를 해 보겠다.

나도 혹시 미루기 장인?

누구나 일을 미루게 될 때가 있다. 문제는 어떤 상황에서 그렇게 할 가능성이 얼마나 되는가다. 그리고 미루는 습관이 자신의 삶에 상당히 부정적인 영향을 미칠 정도인지도 돌아봐야 한다.

어떤 사람들은 자기가 습관적으로 미루는 사람이라는 걸 알고 공개적으로 그 사실을 인정한다. 그들은 문제를 인식하고 있는 것이다.

어떤 이들은 정기적으로 일을 미루면서도 그게 별로 문제가 되지 않는다거나 자기 통제 밖의 일이라고 스스로를 합리화시킨다. 또 그 빈도나 유혹을 극복하는 능력에 대해서도 자신을 속인다.

이제 당신의 미루기 습관을 평가해 보겠다. 아래의 15개 문항에 1점부터 5점까지 점수를 매기면 된다. 1점은 그 문장이 자신에게 해당되지 않는다는 뜻이고 5점은 매우 정확하게 들어맞는다는 뜻이다.

15개 문항을 1점부터 5점까지 점수로 평가한 다음, 점수를 모두 더해서 자신의 미루기 성향을 측정하면 된다.

☐ ① 제시간에 일을 끝마치기 위해 시간에 쫓기는 경우가 많다.

☐ ② 작업을 끝내는 데 걸리는 시간을 잘못 계산하는 일이 종종 있다.

☐ ③ 종종 업무를 다음 날로 미루곤 한다.

☐ ④ 별로 마음에 들지 않는 일에 직면하면
　　좀 더 몰입해서 할 수 있는 일을 찾는다.

☐ ⑤ 일정이 정해지고 며칠이 지난 뒤부터
　　작업을 처리하는 경우가 많다.

☐ ⑥ 기한이 긴 프로젝트를 맡으면
　　마지막 순간까지 기다렸다가 작업을 시작한다.

☐ ⑦ 일을 해야 할 때 자주 공상에 빠진다.

☐ ⑧ 어려운 일에 직면하면 SNS, 문자 메시지, 이메일 등에
　　쉽게 정신이 팔린다.

☐ ⑨ 회의, 약속, 모임에 자주 늦는다.

☐ ⑩ 내 작업 공간은 항상 어질러진 상태다.

☐ ⑪ 매일 해야 할 일을 다 끝마치지 못한다.

☐ ⑫ 이메일이나 SNS에 답장하지 않은 메시지가 가득하다.

☐ ⑬ 공과금을 늦게 납부하는 경우가 많다.

☐ ⑭ 내가 가장 좋아하는 말은 "내일 할게"다.

☐ ⑮ 다른 일을 하느라 한 번 이상 이 테스트를 중단했다.

15개 문항 모두에 1부터 5까지 점수를 매겼는가? 그렇다면 이제 당신이 얼마나 심하게 미루는 사람인지 알아볼 시간이다. 점수를 계산해보자.

15~30점 **미루는 습관과 관련된 문제가 없다.** 가끔 일을 미룰 때도 있지만 그건 누구나 하는 행동이다. 평소에는 소매를 걷어붙이고 적극적으로 일을 처리한다.

31~45점 **다소 미루는 성격이다.** 당신의 삶에 일을 미루는 습관 때문에 고생하는 특정한 영역이 있을 것이다. 그러나 대개는 작업량이 너무 많아지기 전에 조치를 취한다.

46~60점 **미루는 습관이 생활의 일부가 되었다.** 특히 어렵거나 마음에 들지 않는 일에 직면하면 쉽게 주의가 산만해진다. 그런 일을 피하려고 계속 일을 미룬다. 마감일 직전에 프로젝트를 시작할 때가 많기 때문에 기한을 초과하는 경우도 있다.

61~75점 **당신은 습관적으로 미루는 사람의 완벽한 예시다.** 평소에 늘 약속이나 회의에 늦게 도착하며 준비도 되어 있지 않다. 가능한 한 마지막 순간까지 미루다가 작업을 시작한다. 마감일을 맞추려고 미친 듯이 노력하지만 계속 마감일을 놓치곤 한다. 미뤄둔 일들이 당신을 압도할 위험이 있어서 스트레스 수준은 계속 높아진다.

⇨ **점수가 30점 이하라면 이 책이 필요하지 않을 것이다.** 다른 일을 피하기 위해서 읽는 게 아니라면 말이다. 그런 경우라면 계속 읽어주기 바란다.

⇨ **31~60점 사이의 점수를 얻었다면 이 책에서 확실히 가치 있는 내용을 발견할 수 있을 것이다.** '2장: 미루는 습관을 극복하는 21가지 방법'에서 알려줄 전술은 평생 도움이 될 것이다.

⇨ **60점 이상을 받았다면 당신은 상당히 힘든 상황에 처해 있다.** 미루는 습관이 당신의 정신에 깊이 뿌리를 내리고 있다. 따라서 그 습관을 억제하려고 할 경우 많은 내적 저항에 직면하게 될 것이다. 하지만 투지와 결단력을 발휘한다면 극복할 수 있고 좋은 결과도 기대할 수 있다.

당신은 이제 자기가 미루는 이유를 알고 있다. 또 미루는 습관이 본인의 삶에 얼마나 부정적인 영향을 미치는지도 안다.

'2장: 미루는 습관을 극복하는 21가지 방법'에서는 이 습관을 떨쳐내는 데 사용할 수 있는 진정한 전술의 보물 창고를 소개하겠다.

시작해 보자.

미루는 습관을

극복하는

21가지 방법

2장에서는 미루는 습관을 극복하는 데
도움이 되는 작전 전술이 가득하다.
이건 내가 미루는 습관을 극복하기 위해 사용한 방법이며
당신에게도 효과가 있을 거라고 100퍼센트 확신한다.

본인에게 적용할 생각 없이
그냥 슬쩍 훑어보기만 하려고 할 수도 있다.
하지만 그러지 말고 책에 정리된 순서대로
하나씩 주의 깊게 읽어 보기 바란다.
각 전술을 읽고 나면
잠시 시간을 내서 본인의 일상에
그 방법을 어떻게 적용할 수 있을지 생각해 보자.
자기가 그걸 매일 실천하는 모습을 상상하면서
그렇게 하는 게 미루는 습관을 억제하는 데
어떤 도움이 될지 생각하는 것이다.

이 책에 나오는 모든 전술은
즉시 쉽게 실행할 수 있다.
이 장을 다 읽은 뒤
매주 전술을 하나씩 실행해 보자.

서두르지 말고 하나하나 습관으로
자리 잡을 수 있도록 시간을 투자해야 한다.
이 전술을 전부 적용할 때쯤이면
당신 내면의 미루는 자아는
다시 연락하고 싶지 않은 과거의 지인처럼
느껴질 것이다.

자,
이제 소매를 걷어붙이고 일을 시작하자.

―――――

하기 싫은 일부터
먼저 하자

자기가 정말 싫어하는 일이 포함된 체크리스트를 들고 하루를 시작한다고 상상해 보라. 그건 처리하는 것 외에는 달리 방도가 없을 때까지 계속 미루고 싶은 끔찍한 일 중 하나다.

예를 들어 나는 예전부터 늘 빨래하는 걸 싫어했다. 그래서 옷장이 텅 비고 빨래 바구니가 넘칠 때까지 미루곤 했다. 집 밖에서 깨끗한 옷을 입을 수 있는 방법이, 많은 빨래를 한꺼번에 몰아서 하는 것뿐이던 시절이었다.

이런 습관을 억제하기 위해 아침에 제일 먼저 빨래부터 하는 법을 배웠다. 체크리스트에서 빨래를 지우면 기분이 좋았다. 또 그 목록에 있는 다른 항목들은 적어도 빨래보다는 쉽거나 더 즐거운 일이라는 걸 알게 됐다.

미국의 작가이자 익살꾼인 마크 트웨인은 이 방법을 가리켜 '개구리부터 먹어치우기'라고 불렀다. 그가 한 말을 그대로 옮기면 다음과 같다.

"개구리를 먹어야 한다면 아침에 일어나자마자 먹는 게 가장 좋다."

그는 별로 마음에 들지 않는 일을 '개구리'라고 불렀다. 이건 동기 부여가 되지 않는 작업과 프로젝트를 말한다. 그건 해치우기 전까지 계속해서 우리 머리 위에 먹구름처럼 걸려 있다. 미루는 시간이 길어질수록 스트레스도 심해진다.

이 개구리를 잠시 제쳐두고 나중에 해결하려고 하는 건 자연스러운 행동이다. 하지만 그건 우리가 할 수 있는 최악의 일이기도 하다. 계속 머릿속을 맴돌면서 스트레스를 줄 뿐만 아니라 그걸 처리할 에너지도 줄어든다. 그러면 일에 착수하기가 더 어려워지고 결국 다음 날로 미루게 된다.

최대한 빨리 개구리 문제를 해결하자. 방해가 되지 않게 치워버려야 한다. 그러고 나서 기분이 얼마나 상쾌해지는지 알면 놀랄 것이다. 성취감도 느껴지고 남은 하루를 평소보다 더 수

월하게 보낼 수 있다.

체크리스트에 무시무시한 일이 두 가지 이상 포함되어 있다면 어떻게 해야 할까? 이때도 마크 트웨인의 조언을 따르는 걸 추천한다.

"개구리를 두 마리 먹어야 한다면 큰 것부터 먼저 먹는 게 좋다."

당신의 개구리 중에 다른 것보다 더 싫은 게 있을 것이다. 그 문제부터 먼저 해결한 다음 곧바로 두 번째 문제를 해결하는 게 좋다.

예를 들어, 나는 빨래하는 걸 싫어하는 만큼 화장실 청소도 싫어한다. 중요한 차이점은 빨래가 더 귀찮다는 것이다. 그래서 두 가지 일이 모두 체크리스트에 있으면 빨래부터 먼저 처리한다.

일단 10분만 투자하자

일이 실제보다 더 어려워 보이는 경우가 많다. 그러나 대부분 그런 어려움은 신기루에 불과하다. 우리 상상의 산물이라는 얘기다.

나는 가장 힘든 도전은 겉보기에 어려워 보이는 일을 끝내는 게 아니라는 걸 깨달았다. 그 일을 시작하는 게 더 문제다. 어떤 일을 일단 시작하면 심지어 싫어하는 일이라도 노력을 들이는 게 수월해진다.

예를 들어, 격렬한 운동을 위해 헬스클럽에 갈 계획을 세웠다고 가정해 보겠다. 문제는 의욕이 없다는 것이다. 운동복을 찾고, 차를 몰고 헬스클럽까지 가고, 거기서 운동을 하고, 다시 집으로 돌아오는 데 1시간 이상 걸릴 가능성이 높다. 그런 관점에서 볼 때 이건 어렵고 심지어 별로 하고 싶지도 않은 일이다.

그래서 내일 헬스클럽에 갈 거라고 스스로 다짐까지 한다.

하지만 일단 시작하면(예: 운동복을 찾아서 차를 몰고 헬스클럽으로 향하는 것) 계속하기가 훨씬 쉽다. 또 추진력이 생기므로 헬스클럽에 도착한 뒤 분명히 운동도 열심히 할 것이다.

일을 미루고 싶은 생각이 들면 거시적인 차원에서 생각하지 말고 처음 몇 단계, 처음 10분에 집중하자.

예를 들어, 잔디 깎는 걸 미루고 있다면 시간이 얼마나 걸릴지는 생각하지 말고 차고에서 잔디 깎는 기계를 꺼내 첫 번째 단계를 밀고 나가는 데 집중해야 한다.

상사를 위한 프레젠테이션 준비를 미루고 있다면 프레젠테이션 전체를 생각하지 말고, 일단 컴퓨터에서 적절한 소프트웨어를 연 뒤 작업을 진행하는 데 필요한 자료를 수집하는 데 집중한다.

사무실 정리를 미루고 있다면 사무실 전체를 말끔하게 정리할 생각은 하지 말고 작업 공간의 한쪽 구석을 정리하는 데만 집중한다. 다시 말해, 일단 10분만 해 보라는 얘기다. 그런 식으로 시작하고 나면 일을 계속하는 게 훨씬 쉽다는 걸 알게 될 것이다.

나는 새 책을 쓰기 시작하거나 심지어 새로운 챕터를 쓰기 시작할 때마다 이 전술을 활용한다. 텅 빈 페이지는 부담스럽다. 마치 높은 산을 바라보면서 절벽을 오를 계획을 세우는 것과 비슷하다.

그래서 글쓰기를 시작하는 건 어렵다. 하지만 10분간 글을 쓰다 보면 계속 이어 쓰는 게 쉽고 힘들지 않다는 걸 알게 된다.

내 말을 썩 믿기 어렵더라도, 당신도 이 전술을 직접 시도해보기 바란다. 다음에 또 중요한 일을 미루고 싶은 생각이 들면 그 일을 완료하기 위한 첫걸음을 내딛는 데 집중해야 한다. 10분간 노력을 쏟아보자. 그러면 그 일을 완료하거나 적어도 계속 해나가는 게 생각보다 쉽다는 걸 알게 될 것이다.

자신에게
상을 주자

우리는 마음에 들지 않는 일을 미루곤 한다. 다른 선택지가 더 큰 만족, 혹은 더 즉각적인 만족을 제공하는 경우 그렇게 하도록 되어 있다.

예를 들어, 다가오는 시험에 대비해 공부하는 것보다 친구들과 나가 노는 걸 선택한다. 세차 대신 TV를 본다. 헬스클럽에 가지 않고 대신 쇼핑을 하러 간다. 하지만 체크리스트에 있는 일들을 모두 완료하면서 동시에 재미있는 행동도 즐길 수 있다면 어떨까? 얼마든지 가능한 일이다! 현명한 보상 체계를 구축하기만 하면 된다.

보상은 우리의 행동에 큰 영향을 미친다. 우리가 행동하도록 유도하고, 좋은 습관을 형성하도록 돕고, 자랑스러워할 만한 성과를 거두도록 자극할 수 있다. 핵심은 하루 종일 순조롭게 진행되는 시스템을 만드는 것이다.

이를 위한 방법은 다양한데 자신에게 가장 적합한 방법을 찾는 게 중요하다. '당장의 달콤함에 취해서'에서 내 친구가 사용하는 포인트 시스템에 대해 얘기했다. 그는 자신의 행동을 평가해서 포인트를 더하거나 뺀다. 그리고 이렇게 적립한 포인트를 기준 삼아 새 CD나 콘서트 티켓 등 자기가 좋아하는 것에 돈을 쓸 수 있다. 보상을 지렛대로 활용하는 창의적인 방법이고 그에게는 효과가 꽤 좋다.

또 다른 전략은 좋아하지 않는 일을 마친 뒤 바로 좋아하는 행동을 할 수 있도록 하루 일과를 구성하는 것이다. 비결은 보람 있는 행동을 그에 상응하는 불쾌한 작업과 연결시키는 것이다.

예를 들어, 다음과 같은 일들을 해야 한다고 가정해 보자.

- 화장실 청소
- 식료품 구입
- 공과금 납부
- 헬스클럽 가기
- 사무실 정리

이 작업들 가운데 다른 것보다 마음에 들지 않는 게 있을 수 있다. 예를 들어, 공과금 납부는 귀찮기는 하지만 화장실 청소만큼 고통을 안겨줄 가능성은 없다. 또 헬스클럽에 가는 것만큼 많은 시간과 노력이 필요하지도 않다.

따라서 작업에 대해 느끼는 두려움이 어느 정도인지에 따라 그에 맞는 보상을 정해야 한다. 일례로 공과금을 납부하는 일은 10분 안에 끝날 수 있다. 이럴 때는 좋아하는 블로그 글을 3분간 읽는 정도의 보상이 적당하다.

한편 화장실을 청소하는 데는 한 시간 정도 걸릴 수 있으니 이 작업을 더 크고 즐거운 보상과 연결시켜야 한다. 예를 들어, 집안일을 마치면 곧바로 30분 동안 소설을 읽는 것이다.

즐거운 작업을 보상으로 이용할 수도 있다. 가족끼리 모여 게임을 하는 날을 정하거나, 좋아하는 식당을 예약하거나, 친구를 위한 생일 파티 계획을 세우는 것이다. 다른 보상과 함께 이런 작업도 하루 일과에 포함시킨다.

위의 체크리스트를 다시 정리해 보면 다음과 같은 형태가 된다.

• 화장실 청소

⇨ 보상 30분간 소설 읽기

- 식료품 구입
  ⇨ **보상** **가족끼리 게임을 하기**
- 공과금 납부
  ⇨ **보상** **3분간 좋아하는 블로그 글 읽기**
- 헬스클럽 가기
  ⇨ **보상** **친구 생일 파티 계획 세우기**
- 사무실 정리
  ⇨ **보상** **30분간 TV 시청**

해당 작업을 마친 다음 바로 보상을 즐겨야 한다. 그래야 항상 기대할 것이 생긴다.

물론 위의 체크리스트는 예시일 뿐이다. 당신의 작업, 보상, 즐거운 일 체크리스트는 나와 다를 것이다. 특정 날짜까지 완료해야 하는 작업뿐만 아니라 개인적으로 즐기는 행동도 반영시키자.

중요한 점은 현명한 보상 체계가 당신의 행동을 촉진하고 미루는 습관을 극복하는 데 도움이 될 수 있다는 것이다.

스케줄을
빡빡하게 채우자

뭔가를 미루게 되는 가장 확실한 방법 중 하나는 자신에게 너무 많은 자유 시간을 주는 것이다. 이것도 내 경험에서 우러난 얘기다. 내 체크리스트에 세 가지 작업이 있는데 두어 시간 안에 전부 완료할 수 있는 것들이라면 틀림없이 일을 미루게 될 것이다. 그리고 주의를 산만하게 하는 온갖 오락거리로 남은 시간을 채울 것이다.

물론 시간을 융통성 있게 쓸 수 있는 상황이라면 짧게 일하고 편안한 시간을 보낼 수 있는 계획을 세워도 괜찮다. 예를 들어, 정오까지 일하고 나머지 시간은 편안하게 보내는 것이다. 단, 미리부터 그런 계획을 세워두는 게 핵심이다.

위에서 얘기한 상황은 그런 계획이 존재하지 않는 경우다. 하루 종일 일할 계획인데 일정에 여유 시간이 많은 경우, 당신이 나와 비슷한 성향이라면 틀림없이 그날 안에 완료해야 하는 몇 가지 작업을 뒤로 미루게 될 것이다.

이에 대한 간단한 해결책 중 하나는 스케줄을 일부러 빡빡하게 채우는 것이다. 방법은 다음과 같다.

오전 8시부터 오후 5시까지 8시간 동안 일한다고 가정해 보겠다(점심시간 1시간 포함). 하지만 체크리스트에는 세 가지 항목만 있고, 경험상 두 시간 안에 세 가지 작업을 모두 끝낼 수 있다는 걸 안다. 그러면 6시간의 자유 시간이 생긴다. 이 시간을 당신이 관심을 기울여야 하는 다른 작업으로 채워보자.

체크리스트가 최소 두 개는 있어야 하는데, 하나는 오늘 당장 해야 하는 일만 모아놓은 체크리스트, 다른 하나는 앞으로 몇 주, 몇 달 안에 처리해야 하는 일들이 모두 포함된 '마스터 체크리스트'다(가장 좋은 방법은 상황별로 체크리스트를 여러 개 만들어두는 것이지만 여기에서는 목적상 체크리스트 두 개면 충분하다).

마스터 체크리스트를 쭉 살펴보면서 6시간의 자유 시간 동안 할 수 있는 작업이 있는지 확인한다. 이 작업을 체크리스트에 추가하는 것과 더불어 일정표에도 넣어두는 게 좋다. 그러면 각 작업마다 적절한 시간을 할당할 수 있다. 일정표를 보면 하루 중 특정 시간에 무슨 일을 해야 할지 확인할 수 있기 때문에 일을 미루지 않고 계속 진행하는 데 도움이 될 것이다.

나는 이를 위해 간단하고 직관적이면서 무료인 구글 캘린더를 사용하는데 당신에게도 추천한다. 하지만 다른 선택지도 많다.

기억해야 할 가장 중요한 사실은 자신에게 자유 시간을 적게 허용할수록 작업을 미룰 가능성이 줄어든다는 것이다. 그러니 미루는 버릇이 있다면 체크리스트를 꽉 채워보자.

일의 우선순위를
정하자

어떤 작업은 우리에게 매우 큰 영향을 미치면서 결혼생활, 경력, 수입, 그리고 삶의 다른 측면까지 바꿔놓는 힘을 발휘한다. 그런가 하면 어떤 작업은 겉으로는 중요해 보이지만 실제로는 우리에게 거의 영향을 미치지 않고 지속적인 효과도 미미하다.

우선순위가 모호하거나 작업의 우선순위를 잘못 정하면 한정된 시간을 엉뚱한 일에 낭비하게 된다. 작고 중요하지 않은 작업에 관심을 쏟으면서 규모가 크고 중요하고 힘든 작업은 뒷전으로 밀어놓는 것이다. 결국 중요한 일은 미룬 채 작고 쉬운 일에만 집중하게 된다.

예를 들어, 회사에서 중요한 프레젠테이션을 준비하는 일은 미루고 업무 공간을 정리한다. 헬스클럽에 가는 걸 미루고 대신 이메일을 확인하거나 친구들에게 전화를 건다. 집 청소를 미루고 대신 다가오는 생일 파티를 위한 선물을 사기로 한다.

이렇듯 사소한 일에 주의를 집중하면서 큰일을 미루는 것이다. 그래서 많은 일을 하고 있는 기분이지만 정작 중요한 일은 해결되지 않았다.

해결책은 체크리스트 항목의 우선순위를 다시 정하는 것이다. 어떤 작업이 중요하고 어떤 작업이 중요하지 않은지, 그리고 그 이유는 무엇인지 명확히 파악해야 한다. 상황을 바꾸는 일과 그렇지 않은 일을 구분해야 한다.

작업의 우선순위를 정하는 방법은 여러 가지가 있다. 어떤 사람은 1부터 5까지의 숫자를 사용한다. 1은 높은 우선순위를 나타내고 5는 낮은 우선순위를 나타낸다. 또 문자 A, B, C를 사용하는 걸 선호하는 이들도 있다. 앱을 이용해서 체크리스트를 만든 뒤 그 앱에서 제공하는 우선순위 지정 기능을 이용하기도 한다.

나는 마지막 방법을 이용한다. 세 가지 다른 색의 깃발(빨간색, 주황색, 노란색)로 작업 우선순위를 지정할 수 있는 앱인 Todoist를 사용한다.

우선순위를 정하는 방법보다 더 중요한 건 그걸 실행에 옮기

는 것이다. 숫자나 문자, 그밖의 어떤 도구를 사용하는지는 중
요하지 않다. 중요한 건 체크리스트에 포함된 각 작업의 우선
순위를 정하는 습관을 들이고 자기 목표에 맞는 방식으로 일을
진행하는 것이다.

이건 경영진, 기업가, 프리랜서, 전업주부, 대학생 등 누구에
게나 중요한 습관이다. 각계각층의 성공한 사람들이 일을 처리
하는 방식이기도 하다.

그날의 우선순위를
정하는 법

본인의 목표에 따른 우선순위가 어떻게 되는지는 이미 알고 있
을 것이다. 본인에게 중요한 게 뭔지도 안다. 그렇다면 이미 전
투의 반은 승리한 셈이다. 이제 해야 할 일은 체크리스트에 있
는 각 작업에 우선순위 표시(1~5, A~C, 빨간색 깃발 vs 노란색 깃발
등)를 지정하는 것이다.

하지만 아직 우선순위가 확실하지 않다면 어떻게 해야 할
까? 그렇다면 지금부터 해야 할 일이 더 많아진다. 하지만 쉽고
재미있는 작업이니까 걱정할 필요는 없다.

종이와 펜을 준비한 뒤 종이를 세로로 세 칸 나눈다.

단기 목표	중기 목표	장기 목표

그런 다음 해당 칸마다 달성하고 싶은 목표를 전부 적는다. 단기 목표 칸에는 '세차', 중기 목표 칸에는 '소설 쓰기', 장기 목표 칸에는 '60세에 은퇴' 등을 적을 수 있다.

자신의 목표로 가득 찬 이 종이가 중요한 로드맵 역할을 한다. 이걸 이용해서 그날의 체크리스트에 포함된 각 작업의 중요성을 측정한다. 해당 항목이 특정 목표를 달성하는 데 도움이 되는지 여부에 따라 우선순위를 정한다.

체크리스트의 모든 항목이 중요해 보일 때는 우선순위를 어떻게 정해야 할까? 먼저 정말 그런지 자문해 보자. 모든 작업이 다 중요해 보일 수도 있지만, 정말 그럴까? 일부 작업의 우선순위를 낮춰도 심각한 결과가 초래되거나 하지는 않을까? 대부분의 경우 그 대답은 '아니다'이다.

둘째, 중요한 일과 긴급한 일을 구분해야 한다. 중요한 작업을 수행하면 목표 달성에 더 가까워진다. 반면 긴급한 일의 경우 즉시 주의를 기울여야 하지만 목표에는 아무런 영향도 미치지 않을 수 있다.

중요한 일은 전혀 처리하지 않고 긴급한 일에만 시간을 쏟는 것도 가능하다. 먼저 중요하면서도 긴급한 일에 집중해야 한다. 그런 다음 중요하지만 긴급하지 않은 일에 집중하고, 나머지는 남에게 맡기거나 거절하거나 연기해도 괜찮다.

체크리스트의 각 항목에 우선순위를 지정하면 해당 항목과 목표의 관련성이 명확해진다. 우선순위가 높은 작업을 확인하고 그게 자신에게 어떤 영향을 미치는지 알면 작업을 미루는 습관이 줄어들 것이다.

체크리스트의
사이즈를 줄이자

체크리스트가 너무 길고 지나치게 많은 작업이 포함되어 있는 경우가 많다. 결국 상당수의 작업은 그날 하루가 끝날 때까지 해결되지 않거나 완료되지 않은 상태로 남아서 다음 날로 미루거나 다른 날로 일정을 변경해야 한다.

완료되지 않은 체크리스트는 사기를 저하시킨다. 동기가 약해지고 자존심에도 금이 간다. 그리고 하루가 끝날 때 완료되지 않은 작업이 많을수록 그 영향은 더 커진다.

이 문제 때문에 일을 미루게 될 가능성이 높아진다. 하루가 끝났는데도 여전히 해야 할 일과 프로젝트가 많이 남아 있으면 마치 산더미 같은 미완료 업무에 파묻힌 듯한 압도감이 느껴지기 시작한다. 스트레스 수준이 높아지고 시간을 잘 배분하기 위한 올바른 결정을 내리기가 어려워진다.

이런 곤경에 처하면 일손을 멈추는 사람들이 많다(나도 그중 한 명이다). 아무것도 못할 것 같은 무력감이 든다. 그리고 이렇게 일손을 멈추면 완료되지 않은 작업이 계속 쌓이기 때문에 문제가 더 악화된다.

해결책은 간단하다. 체크리스트의 사이즈를 줄이는 것이다.

일간 체크리스트에 포함되는 항목이 7개 이하여야 한다. 7개가 넘으면 그중 일부는 하루가 끝날 때까지 완료되지 않은 채 남아 있을 위험이 높다. 적어도 내 경우에는 그랬다.

7개는 실행 가능하다. 그 정도면 정복이 불가능해 보이는 수준은 아니다. 또 작업 수를 제한하면 서로 상충되는 항목도 제한되므로 크게 신경을 안 써도 된다. 그러면 중요한 일에 집중할 수 있다.

집중해야 할 일이 적으면 동기 부족이나 압박감으로 인한 무기력증 때문에 일을 미루게 될 가능성도 줄어든다.

개인적인 실험을 통해
얻은 교훈

최근에 체크리스트에 세 가지 항목만 포함시키는 실험을 해봤다. 매일 저녁 마스터 체크리스트를 검토하면서 다음 날 할 일을 세 가지 고른다. 세 가지가 넘어서는 안 된다.

내 일정표를 채울 작업을 선택하는 게 중요하다. 8시간 동안 일할 계획이라면 내가 선택한 세 가지 작업을 완료하는 데 8시간이 걸려야 한다. 그렇지 않으면 빈둥거리면서 시간을 낭비하게 될 것이다(전술4 참조).

지금까지 이 실험은 흥미로운 결과를 보여주었다. 매일 체크리스트의 일들을 모두 완료할 수 있는데 그것만으로도 상당히 기분이 좋다. 그리고 이 세 가지 작업을 더 긴 체크리스트에 포함시켰을 때 걸리는 시간보다 더 짧은 시간 안에 완료할 수 있다는 것도 알게 되었다.

예를 들어, 어제 해야 할 일 중 하나는 글을 2,000단어 쓰는 것이었다. 이 작업을 긴 체크리스트에 포함시키면 완료하는 데 약 5시간이 걸린다(난 글 쓰는 속도가 느리다). 하지만 체크리스트에 단 세 가지 작업만 포함되어 있을 때는 3시간 안에 끝마칠 수 있다.

이게 심리적인 효과라는 건 알고 있다. 체크리스트의 사이즈를 줄인다고 해서 글쓰기 능력이 더 좋아지는 건 아니다. 하지만 더 집중할 수 있고 스트레스를 덜 받는다. 그러면 보다 쉽게 소매를 걷어붙이고 방해 요소를 무시하면서 몰입 상태에 빠질 수 있다.

체크리스트를 작은 사이즈로 유지하는 게 당신에게도 비슷한 영향을 미칠 것이라고 생각한다. 직접 시도하면서 확인해 보기 바란다.

시간 여유를
주지 말자

나를 비롯한 많은 사람들의 경우, 힘든 일을 완수하는 비결은 그 일에 더 많은 시간을 쏟는 게 아니라 반대로 작업할 시간을 제한하는 것이다. 시간 제약은 우리가 심리적으로 늘어지지 않게 해 준다. 작업할 시간이 제한되면 우리는 어떻게든 그 일을 완료하기 위해 집중하려고 한다.

예를 들어, 당신이 대학생이고 다음 주에 화학 시험이 있다고 가정해 보겠다. 시간 제약이 없으면 지금 당장 공부를 시작할 동기가 별로 없다. 게다가 막상 책을 펴고 노트 필기를 살펴보더라도 시간을 낭비하게 될 게 뻔하다. 공부 시간에 제한을 두지 않았기 때문이다.

이 시나리오에서는 돈 대신 시간을 통화로 사용해 백지 수표를 작성한 셈이다. 무제한으로 공급되는 것(무제한인 것처럼 보일 뿐이라는 점에 유의하자)은 자연스럽게 낭비로 이어진다.

이제 시간이 제한되어 있으면 어떤 일이 일어날지 생각해 보자. 시험공부에 45분을 투자한다고 가정할 경우, 두 가지 일이 발생할 가능성이 높다.

- **더 집중하게 된다.** 시간이 45분밖에 없으면 주의가 산만해지는 경향이 줄어든다.
- **열심히 공부할 가능성이 더 커진다.** 공부할 시간을 45분으로 정해 두면 정확한 종료 시점이 생긴다. 이렇게 하면 끝이 보이기 때문에 더 재미있게 할 수 있고 힘도 덜 든다.

파킨슨의 법칙은 '일을 완료하는 데 걸리는 시간은 그 일에 할당된 시간만큼 늘어난다'는 법칙이다. 일을 완료할 시간을 2시간 준다면 아마 2시간 꼬박 걸려서 마치게 될 것이다. 시간을 90분으로 줄이면 단축된 시간 내에 작업을 완료하게 된다.

이 원칙을 염두에 두고 체크리스트의 모든 작업에 시간 제한을 정해 두자. 그러면 각 작업마다 체계가 생기고, 인위적이기는 해도 구체적인 종료 시점도 생겨서 얼마나 오랫동안 작업하게 될지 미리 알 수 있다.

그런 다음, 자기가 정해둔 제한 시간을 더 단축한다. 처음에 작업을 완료하는 데 2시간이 걸렸다면 다음에는 90분으로 줄이고, 처음에 20분이 걸렸다면 다음엔 15분으로 단축한다.

이렇게 파킨슨의 법칙을 적용하는 것이다.

이 두 가지 간단한 습관을 실천에 옮기면 하기 싫은 일이나 프로젝트를 미루는 습관이 줄어들 것이다. 우리 마음은 끝나는 시점이 보이는 걸 좋아하기 때문이다. 그렇게 끝이 보이면 즉시 행동에 나서야 한다고 생각해도 겁이 덜 난다.

기한은 내가 아닌
남이 정하게 하자

우리 중 자기가 정한 마감일을 모르는 사람은 없다. 계속 마감일을 정하면서 이번에는 어떻게든 지키겠다고 다짐한다. 하지만 여러 가지 이유로 실패하는 경우가 많고 이런 반복적인 실패는 결국 죄책감을 유발한다. 또 일정보다 점점 더 늦어짐에 따라 스트레스 수준도 높아진다.

첫째, 당신만 그런 게 아니라는 걸 알아야 한다. 둘째, 해결책이 있다는 걸 인식하자(자세한 내용은 나중에 설명하겠다).

2002년 댄 애리얼리와 클라우스 베르텐브로흐라는 심리학자가 다양한 유형의 마감일이 MIT 학생들에게 미치는 영향을 조사했다.* 그들은 학생을 두 그룹으로 나눴다. 첫 번째 그룹은 정해진 일정에 따라 보고서 세 편을 제출하게 하고, 두 번째 그룹은 스스로 정한 일정에 맞춰 보고서 세 편을 제출하게 했다.

두 번째 그룹에게는 몇 가지 규칙이 있었다. 첫째, 교수의 강의 마지막 날까지 보고서 세 편을 모두 제출해야 했다. 둘째, 마감일을 교수에게 미리 알려야 했다. 셋째, 마감일을 알린 뒤에는 변경할 수 없었다.

애리얼리와 베르텐브로흐는 실험이 진행되는 과정을 지켜보았다.

그들은 두 번째 그룹의 학생들이 강의 마지막 날에 보고서를 제출하는 쪽으로 일정을 잡을 거라고 예상했다. 그러면 시간을 최대한 융통성 있게 활용해서 마감일보다 일찍 제출할 수도 있고 마지막 날까지 기다렸다가 제출할 수도 있다. 전부 그들에게 달려 있다.

하지만 실제로는 그렇지 않았다. 놀랍게도 두 번째 그룹의 학생 중 75퍼센트는 학기 종료일보다 이른 날짜로 마감일을 잡아서 학기가 끝나기 1주, 4주, 6주 전으로 정했다. 이는 두 번째 그룹의 학생들 대부분이 기회가 생기면 자기가 일을 미룰 거라

* http://journals.sagepub.com/doi/abs/10.1111/1467-9280.00441

고 생각했다는 뜻이다.

또 마감일을 이른 날짜로 정해 두면 미루는 경향이 줄어들 것이라고 생각했다. 하지만 이 경우에도 그런 일은 일어나지 않았다. 본인이 마감일을 정한 학생 그룹이 오히려 보고서를 늦게 제출할 가능성이 더 높았던 것이다.

연구진은 직접 정한 기한 때문에 성과가 저하된 것이라는 결론을 내렸다. 이렇듯 우리는 다른 사람들이 우리 대신 기한을 정하면 더 높은 성과를 올리는 경향이 있다.

애리얼리와 베르텐브로흐는 이런 결과를 확인하는 두 번째 연구를 수행했다. 두 번째 연구에서도 본인이 직접 마감 기한을 정한 피험자들은 작업 결과물을 늦게 제출할 가능성이 높았고 오류도 잘 찾아내지 못했다.

직접 마감일을 정해도 일을 미룰 위험이 사라지지 않는다면 누가 마감일을 정해야 할까? 그리고 이들에게 어떻게 도움을 청해야 할까?

다른 사람이
마감일을 정하게 하는 방법

이때 취할 수 있는 방법은 본인이 처한 상황에 따라 달라진다. 대학생이라면 교수가 과제 및 보고서 제출일과 시험 일정을 자세히 알려줄 것이다. 하지만 만약 교수가 당신에게 직접 일정을 정하라고 한다면 어떻게 해야 할까?

그럴 때는 교수에게 정해달라고 부탁하자. 혼자 정하면 미루게 될 가능성이 높다고 말해야 한다. 다른 사람(아마도 교수)이 마감일을 정하고 이를 지키지 못할 경우 그에 상응하는 조치를 취해야 당신이 행동할 수 있는 원동력이 된다고 설명한다. 그러면 결국 교육 과정에서 더 많은 가치를 얻는 데도 도움이 될 것이다.

회사원도 이와 동일한 방법을 이용한다. 상사가 프로젝트를 맡기면서 당신이 정한 일정에 따라 완료하기를 기대한다면, 마감일을 정해달라고 요청하자. 그래야 책임감이 강해지고 결과물도 제때 전달할 수 있다고 설명해야 한다.

기업가나 프리랜서라면 어떨까? 이들에게는 꾸준히 일에 집중하도록 독려해 줄 교수나 상사도 없다. 기업가라면 책임감 있는 파트너를 찾는 게 좋다(이 문제에 대해서는 '전술10: 먼저 주위에 소문부터 내자'에서 자세히 얘기하겠다). 프리랜서의 경우에는 고객에게 결과물을 전달할 합리적인 마감일을 정해달라고 요청하자.

이 전술은 삶의 개인적인 부분에도 적용할 수 있다. 예를 들어, 당신이 가족 휴가를 준비할 책임을 맡았다고 가정해 보겠다. 이 경우 배우자에게 항공권 구매, 호텔 객실 예약, 일일 여행 계획 등에 대한 마감일을 정해달라고 부탁하자.

우리는 대개 이런 일을 스스로 할 수 있다고 생각한다. 하지만 과학적인 연구 결과는 이때도 다른 이들의 도움을 받는 편이 유익하다고 말한다. 이 전술을 직접 시도해 보기 바란다. 당신 내면의 미루는 자아를 길들이는 데 도움이 될 거라고 장담한다.

컨디션이
최고일 때를 찾자

나는 아침 일찍 일어나는 사람이다. 보통 오전 5시 30분에 일어나서 정신을 집중해 일을 시작하는 데 도움이 되는 아침 루틴을 따른다. 난 이른 아침에 생산성이 높고 일을 미룰 가능성도 적다는 걸 깨달았다. 오후 3시가 되면 속도가 느려지는 경향이 있고 오후 5시 이후에는 아무것도 못한다.

당신은 나와 완전히 다를 수 있다. 아침 시간에는 힘들어하다가 저녁만 되면 쌩쌩해지는 사람들도 있다. 나 같은 사람이 하루를 마무리할 때 당신은 반대로 창의성과 생산성이 하늘을 찌를지도 모른다.

우리의 컨디션이 미루는 습관에 영향을 미친다는 걸 반드시 기억해야 한다. 그러니 컨디션이 최고조에 이르는 시간대를 확인하고 하루 중 그 시간을 최대한 활용하는 게 좋다.

컨디션이 최고인 시간대를
알아내는 방법

이 전술을 활용하려면 실험과 인내가 필요하지만 노력한 만큼
가치 있는 결과를 얻을 수 있다. 하루 동안 자신의 컨디션 변화
를 확인하려면 다음의 세 단계를 따르자.

- **1단계** 새 스프레드시트를 만든다.

  구글 스프레드시트는 무료이고 클라우드 기능도 있어서 언제든 노
  트북, 태블릿, 스마트폰을 통해 접속할 수 있으므로 추천한다.

- **2단계** 다음과 같은 항목을 만든다.

  ○ 요일(월요일, 화요일 등)

  ○ 시간대(오전 6~7시, 오전 7~8시 등)

  ○ 컨디션 등급(1~5)

  ○ 메모(점심시간, 회의 같은 세부적인 행동)

- **3단계** 자신의 컨디션을 모니터링한다.

  한 시간이 지나면 등급(1~5)을 매긴다.

3단계 과정은 최소 2주 이상 진행해야 한다. 그러면 패턴이 드러날 것이다. 예를 들어 오전 6시부터 정오 사이, 그리고 오후 5시가 조금 넘은 시간에 컨디션이 좋다는 걸 깨달을지도 모른다. 아니면 반대로 오전에는 무기력하다가 오후 1시 이후부터 본격적으로 일을 진행하는 사람일 수도 있다.

또 컨디션이 특정한 행동에 많은 영향을 받는다는 것도 알수 잇다. 예를 들어, 창의적인 작업은 컨디션을 좋게 하는 반면 회의는 에너지를 고갈시킬 수 있다.

이 실습의 목표는 하루 중 컨디션이 가장 좋은 시점이 언제인지 파악하는 것이다. 그리고 힘들거나 하기 싫은 작업을 그 시간에 해야 한다. 그래야 미룰 가능성이 낮다.

이 실습에는 인내심이 필요하다는 걸 다시 얘기해야겠다. 2주 동안 아침부터 저녁까지 1시간 단위로 컨디션을 추적하는 건 힘든 일이다. 하지만 이 데이터를 수집하기에 이보다 더 좋은 방법은 없다. 그리고 일단 데이터를 확보하면 미루고 싶은 유혹이 들지도 모르는 작업을 언제 할지에 대해 보다 나은 결정을 내리게 될 것이다.

먼저 주위에
소문부터 내자

누군가에게 자신이 무슨 일을 할지 말해 놓은 상황일 때는 일을 완수할 가능성이 높아진다. 그게 인간의 본성이다. 다른 사람들 앞에서 실패하고 싶지 않고, 그들에게 뭔가를 하겠다고 말하고 나면 그 기대에 부응하고 싶어진다.

예를 들어, 6개월 안에 소설을 써서 출판하겠다고 공개적으로 선언했다고 가정해 보자. 이 선언을 블로그에 올리고, 페이스북에 발표하고, 동료들에게 얘기하고, 가족과 친구들에게도 말한다.

이제 모든 시선이 당신에게 쏠리고 다들 기대를 하고 있다. 남들이 자기를 어떻게 바라볼지 신경 쓴다면 소설을 쓰기 시작할 것이다. 6개월 뒤 모두에게 실패했다는 말은 하고 싶지 않을 테니 말이다. 그들에게 완성된 소설 사본을 보여주면서 "임무 완료"라고 말할 수 있기를 바란다.

그게 바로 책임감의 힘이다. 우리는 사회적 지위를 중요시하며 이를 개선하고 강화하기 위해 최선을 다한다.

이런 행동 충동을 자신에게 유리한 방향으로 활용해서 미루는 습관을 극복할 수 있다. 특정한 작업이나 프로젝트를 진행하겠다고 누군가에게 말하는 단순한 행위가 그 일을 하기 위한 원동력이 된다. 만약 작업을 완료하는 데 실패한다면 그 사람이 우리에게 문제를 제기할 것이다. 이건 다들 피하고 싶은 시나리오다.

일례로 자동차의 브레이크 패드를 교체해야 한다고 가정해보자. 하지만 당신은 자동차를 끌고 정비소에 갈 생각이 없다. 상당히 불편한 일이기 때문이다. 그래서 브레이크에서 끽끽거리는 소리가 나기 시작할 때까지 최대한 오랫동안 미루고 싶은 유혹을 느낀다.

수리를 미루고 싶은 충동을 억제하려면 당신에게 해명을 요구할 사람에게 자기 계획을 알려야 한다. 작업을 완료했는지 확인할 수 있는 마감일을 정하자.

예를 들어, 배우자에게 토요일 아침에 정비소에 갈 예정이라고 말해 두는 것이다. 그 계획을 지키려는 의지를 상대방이 어떻게 생각하는지에 관심이 있다면 계획한 대로 행동할 것이다.

다른 사람에게 해명해야 할 책임이 생기면 행동을 취하게 된다. 다시 한번 말하지만, 우리는 실패를 인정해야 하는 상황을 피하고 싶어 한다. 그런 상황에 대한 혐오감이 행동할 동기를 부여하는 것이다.

미루고 싶은 작업이나 프로젝트에 이 전술을 활용하면 좋다. 이때 중요한 건 당신에게 기꺼이 압력을 가해줄 파트너를 찾는 것이다. 당신이 좋아하고 신뢰하는 사람을 택해야 하는데 천성적으로 긍정적인 사람이면 더 좋다. 부정적인 생각으로 당신을 짓누르지 않고 사고방식을 향상시켜 줄 책임 파트너를 찾아야 한다.

나는 이 전술을 시도해 보라고 강력히 권하고 싶다. 그 효과를 과소평가해선 안 된다. 미룰 가능성이 높은 작업을 선택해서 특정 날짜나 시간까지 완료하겠다고 다짐한 뒤, 그 일정을 지키지 못할 경우 당신에게 책임을 물을 가족, 친구, 동료에게 알린다. 그러면 행동을 취하려는 동기가 얼마나 강해지는지 놀랄 것이다.

너무 큰일은
작게 쪼개자

규모가 작은 작업은 큰 작업보다 완료하기 쉽다. 예를 들어 마라톤을 뛰는 것보다 단거리 경주를 하는 게 더 쉽다. 소설의 한 장면을 쓰는 게 소설 전체를 쓰는 것보다 쉽다. 가족 휴가를 처음부터 끝까지 계획하는 것보다 호텔 방을 예약하는 게 더 쉽다.

작업이나 프로젝트 규모가 클수록 더 위협적으로 보이게 마련이다. 이는 의지력을 약화시키고 행동을 취하기 어렵게 만든다.

학교 다닐 때를 떠올려 보자. 선생님이나 교수님이 독후감, 보고서, 리포트 같은 걸 써 오라는 과제를 내준 적이 있을 것이다. 구체적인 내용이 무엇이든, 이런 프로젝트는 처음에는 어려워 보인다. 많은 시간과 노력을 들여야 하기 때문이다. 조사 작업을 하고, 자기 생각을 응집력 있는 형태로 정리하고, 최종적으로 충분히 고민해서 잘 쓴 결과물을 제출해야 한다.

이 프로젝트를 전체적으로 생각하면 아마 불안하고 의기소침해져서 미루고 싶은 유혹도 들었을 것이다(나도 고등학교와 대학교 때 이런 경험이 셀 수 없이 많다).

하지만 일단 첫걸음을 내딛자 어떤 일이 일어났는가? 조사를 시작하거나 처음 몇 문장을 쓰자 무슨 일이 생겼는가? 갑자기 그 프로젝트가 별로 두렵지 않게 느껴졌을 거라고 확신한다. 실행 불가능해 보이던 것이 실행 가능한 것으로 바뀌었다.

여기서 미루는 습관을 극복하는 효과적인 전술을 소개한다.

먼저 프로젝트를 가장 작은 단위로 나눈 다음 각 부분을 별도의 작업으로 취급한다. 그리고 하나씩 완료하는 데 집중하며 체크리스트에서 지워나가면 된다.

일례로 집을 대청소할 계획이라고 가정해 보겠다. 시간이 몇 시간씩 걸리고 많은 노력이 필요하므로 미루고 싶은 유혹을 받게 된다. 하지만 미루지 말고 이 프로젝트를 방별로 나눠서 생각해 보자. 해결해야 할 개별 작업은 다음과 같다.

- **거실**
  - 가구 먼지 털기
  - 진공청소기로 바닥 청소하기
  - 블라인드와 창문 닦기
  - 커피 테이블 정리하기
- **응접실**
  - 식탁 먼지 털기/광내기
  - 의자 먼지 털기
  - 진공청소기로 양탄자 청소하기
  - 바닥 대걸레질하기
- **침실**
  - 진공청소기로 바닥 청소하기
  - 쓰레기통 비우기
  - 가구 먼지 털기
  - 시트와 침대보 교체하기
  - 창문 닦기
- **욕실**
  - 변기 닦기
  - 샤워기/욕조 닦기
  - 화장대 거울 닦기

- ◦ 화장대 정리하기
- ◦ 세면기 닦기
- ◦ 바닥 청소하기
- **주방**
  - ◦ 설거지하기
  - ◦ 조리대 닦기
  - ◦ 바닥 대걸레질하기
  - ◦ 가전제품 닦기
  - ◦ 냉장고 청소하기
- **개인 방**
  - ◦ 가구 먼지 털기
  - ◦ 우편물 정리하기
  - ◦ 진공청소기로 바닥 청소하기
  - ◦ 창문 닦기

이 프로젝트를 개별 요소로 나누면 별로 위협적이지 않고 관리하기 쉬워진다. 물론 여전히 할 일은 많고 그 사실은 변하지 않았다. 하지만 이제 규모가 큰 프로젝트를 구성하는 소규모 작업들을 확실히 파악하게 되었다. 또 끝마치면 체크리스트에서 바로 지워버릴 수 있는 개별 작업 목록도 생겼다. 이 목록을 이용하면 지속적인 성취감을 느낄 수 있다.

다시 말하지만, 이 전술은 프로젝트를 완료하는 데 소요되는 시간과 노력을 줄여주지는 않는다. 그냥 프로젝트를 쉽게 완료할 수 있을 것처럼 느껴지도록 관점을 바꿔주는 것이다. 하지만 이것이 프로젝트를 완료하기 위한 추진력을 안겨줄 처음 몇 단계를 수행하는 데 필요한 전부일 수도 있다.

진짜 하기 싫은 건
패스하자

내가 생각하는 가장 힘든 일은 지루한 일이다. 그러면 더 재미 있는 행동이나 의미 있는 일을 하고 싶어서 이런 일은 쉽게 미루게 된다.

지루한 일을 하도록 동기를 부여하는 건 어렵다. 그리고 일 단 작업을 시작해도 계속 집중하기가 힘들다. 나 개인적으로 도 지루한 일을 처리하는 데 몇 분 이상 걸리면 정신이 금방 딴 데로 샌다. 어떻게든 일을 끝맺기는 하겠지만 마음은 거기 있 지 않을 것이다. 그걸 끝내면 마침내 더 매력적인 작업과 프로 젝트로 넘어갈 수 있다는 사실 외에는 아무런 보상도 얻지 못 한다.

아마 당신도 같은 기분을 느낄 것이다. 그런 일에 직면하면 미루게 될 가능성이 높다. 내 경우에는 확실히 그렇다.

이런 맥락에서 볼 때 미루는 습관을 억제하는 가장 좋은 방법은 지루한 일을 피하는 것이다. 일정에서 아예 빼버리고, 만약 그게 불가능하다면 다른 사람에게 맡길 방법을 찾자.

예를 들어, 당신이 잔디 깎는 걸 싫어한다고 가정해 보겠다. 그 일이 눈물 날 정도로 지루하기 때문에 만약 선택권이 있다면 무기한 미루고 싶을 정도다. 그렇다면 그 일을 남에게 맡기는 건 어떨까? 잔디 깎을 사람을 고용하는 것이다. 그러면 자신에게 억지로 동기를 부여하지 않아도 작업이 완료된다.

지루한 작업을 자신에게 더 의미 있는 다른 작업으로 바꾸는 것도 가능하다. 개인적인 예를 하나 들어 보겠다.

난 다양한 분야의 기업들을 위해 기사, 백서, 사례 연구, 광고 문구 등을 작성하면서 많은 시간을 보냈다. 어떤 주제는 매우 흥미로워서 고객에게 필요한 내용 이상으로 많은 조사 작업을 진행한 적도 있다.

그러나 어떤 주제는 매우 지루했고 관심이 전혀 가지 않았다. 그래서 그와 관련된 글을 쓰려고 자리에 앉을 때마다 엄청난 내적 저항을 겪었고 종종 마지막 순간까지 일을 미루곤 했다.

결국 이런 일은 맡을 필요가 없다는 걸 깨달았다. 나는 고객을 선택할 수 있는 위치에 도달한 지 오래였다. 그래서 지루한 프로젝트를 내게 더 의미 있는 프로젝트로 대체하기로 했다.

이런 방향 전환을 통해 놀라운 결과를 얻었다. 더는 내가 맡은 일을 미루지 않게 된 것이다. 새로운 고객을 위한 자료를 찾고 글을 쓰는 것이 즐거웠고 그 일에서 더 큰 보람을 느꼈다.

지루한 프로젝트가 부담스럽다면 그 프로젝트를 그만둘 수 있는지 자신에게 물어보자. 눈앞에서 아예 치워버리거나 위임하는 게 불가능하다면 다른 걸로 대체할 수는 있는가? 그게 가능하다면 그 방법을 활용하자. 의미 있는 일을 하면 미룰 확률이 줄어들 것이다.

지루한 일을
피할 수 없다면?

물론 지루한 일을 항상 피할 수 있는 건 아니다. 재미없는 작업이 자기가 책임지고 해야 하는 일의 일부일 수도 있다. 예를 들어, 상사가 눈물 날 정도로 지루한 주간 보고서 작성을 맡겼을지도 모른다. 이건 남에게 맡길 수도 없고 안 하고 넘어갈 수도 없는 일이다. 억지로 웃으면서 견뎌낼 수밖에 없다.

아니면 교사가 학생들이 쓴 과제를 채점하는 일이 단조롭고 짜증 난다고 생각할 수도 있다. 이 작업을 맡길 보조 교사가 없으면 직접 해야 한다. 지루한 일에 갇혀 있다면 좀 더 재미있게 할 방법을 찾아보자.

작업 자체를 하나의 게임으로 만드는 것도 하나의 해결책이다. 예를 들어, 상사에게 제출할 지루한 보고서 작성 임무를 맡았다면 그걸 게임이라고 생각하면서 실수하지 않고 얼마나 빠른 시간 안에 끝낼 수 있는지 도전해 보자. 이전 기록을 깨면 자신에게 보상을 주는 것도 좋은 방법이다.

지루한 작업으로 가득한 체크리스트를 처리하는 데 도움이 되는 '게임화' 앱을 이용할 수도 있다. Habitica, LifeRPG, Task Hammer, Epic Win, SuperBetter 같은 앱들은 지루한 작업을 게임과 같은 방식으로 더 재미있게 완료할 수 있도록 설계되었다. 난 직접 써보지 않았지만 많은 사용자들이 긍정적인 결과를 보고하고 있다. 당신도 이런 앱을 이용하면 미루는 습관이 줄어들지도 모른다.

집 안의 방해꾼들을
없애자

주의를 산만하게 하는 것들 때문에 일을 미루게 된다고 생각하는 이들이 많다. 하지만 실은 그 반대다. 우리는 먼저 일을 미루는 걸 택한 다음에 주의를 딴 데로 돌릴 일을 찾는다.

이건 중요한 차이다. 주의를 산만하게 하는 요소들을 주변에서 제거할 수 있다면 진행 중인 프로젝트를 미루는 일이 줄어들 것이다. 주변에 다른 집중할 거리가 없기 때문이다.

일례로 글을 써야 한다고 가정해 보자. 집에는 글을 쓸 수 있는 장소가 여러 곳 있다.

그중 한 곳은 거실이다. 문제는 거기에 TV가 있고 지금 가장 하고 싶은 일이 넷플릭스에서 좋아하는 프로그램을 보는 것이라는 점이다.

또 다른 장소는 침실이다. 거기엔 TV는 없다. 하지만 상당히 어질러져 있는데, 어수선한 작업 공간은 TV만큼 주의를 산만하게 할 수 있다.

집에 있는 사무용 공간을 이용하는 방법도 있다. 여기도 침실처럼 TV가 없다. 게다가 작업 공간도 깨끗하다. 사실상 주변에 방해 요소가 전혀 없는 셈이다. 결과적으로 이 사무실에 혼자 있으면 글쓰기를 미룰 가능성이 줄어든다. 집중할 다른 대상이 없기 때문이다.

기억해야 할 점은 주변에 방해 요소가 적을수록 당면한 일을 처리할 가능성이 높아진다는 것이다. 따라서 주변의 방해 요소를 최대한 제거하는 게 좋다.

전화기를 끄고 작업 공간을 깨끗이 치우자. 집에서 일을 한다면 일하는 동안 가족이 방해하지 않도록 해야 한다. 사무실에서 일할 때는 동료가 들러서 잡담을 나누는 일이 없어야 한다. 벽에 주의를 산만하게 하는 그림이 걸려 있으면 떼어내고, 근처에서 집중을 방해하는 소음이 들리면 귀마개를 착용하자.

우리는 미루는 걸 먼저 선택한다는 사실을 기억해야 한다. 그런 다음에 여유 시간을 채워줄 오락거리를 찾는다. 주변에서 주의를 산만하게 하는 요소들을 제거하고 주의를 집중시킬 수 있는 통로 수를 최소화해야 한다. 다른 할 일이 없으면 프로젝트를 미루는 걸 정당화하기가 훨씬 어려워진다.

디지털 방해꾼들도
없애자

디지털 방해 요소도 주위의 방해 요소만큼 큰 영향을 미칠 수 있으며 사실 어떤 경우에는 더 나쁜 영향을 미친다. 그건 우리 관심을 끌어들여서 확실하게 붙잡아두도록 설계되었다.

페이스북을 예로 들어보겠다.

페이스북은 전 세계의 미루기 전문가들이 선호하는 오락거리다. 전문가들은 이 사이트 때문에 매년 수천억 달러의 생산성 손실이 발생한다고 추정하는데 그건 우연이 아니다. 페이스북은 사용자들을 매료시켜서 계속 다시 방문하도록 설계되었다. 처음부터 중독성 있게 설계되었다는 뜻이다.

스탠퍼드 경영대학원 강사인 니르 이얄은 이렇게 말했다.

"페이스북은 당신이 지루함을 느낄 때마다, 당신에게 단 몇 분의 시간이 생길 때마다 연결을 맺으려고 한다. 우리는 심리학적으로 지루함이 고통스럽다는 걸 알고 있다. 지루함을 느낄 때마다, 몇 분의 여유 시간이 생길 때마다, 페이스북이 그 가려움을 달래준다."*

습관적으로 미루는 사람에게는 이게 문제가 된다. 페이스북 같은 디지털 방해 요소는 그것이 제공하는 즉각적인 만족을 얻기 위해 현재 진행 중인 모든 작업을 제쳐두라고 끊임없이 유혹한다. 이게 바로 이런 방해물이 영향력 측면에서 주변의 방해물을 능가하는 이유다. 애초에 그런 유혹적인 힘을 발휘하도록 만들어졌다.

일례로 스마트폰은 우리의 끊임없는 동반자가 되어 몇 분마다 한 번씩 새로운 문자 메시지와 이메일로 우리를 방해한다. 페이스북, X(트위터), 인스타그램, 핀터레스트 같은 SNS는 우리에게 할 일을 제쳐두고 친구들과 교류하라고 끊임없이 유혹한다. 인터넷은 뉴스 헤드라인부터 유튜브 동영상에 이르기까지 우리가 일을 미뤄야 하는 이유를 무한히 제공한다.

* http://www.businessinsider.com/science-behind-why-facebook-is-addictive-2014-11

이를 방지할 조치를 취하지 않는 이상 디지털 방해 요소는 항상 존재하면서 끊임없이 우리 관심을 잡아끈다.

자신은 이런 방해 요소를 견딜 수 있고 심지어 무시할 수 있다고 확신하는 이들이 많다. 그러나 이런 생각은 망상이라는 증거가 있다(적어도 일부 사람들의 경우). 《START, 시작하라!(Solving The Procrastination Puzzle)》의 저자인 티모시 파이카일의 연구에 따르면 사람들이 온라인에서 보내는 시간의 47퍼센트가 중요한 일을 미루기 위해 쓰이는 것으로 나타났다.*

이건 정신이 번쩍 드는 수치다. 이런 결과를 바탕으로 생각할 때, 디지털 방해 요소를 단순히 무시하려고 하기보다는 아예 제거하는 걸 권장한다.

예를 들어, 컴퓨터로 작업할 때마다 인터넷 연결을 끊는 것이다. 인터넷에서 뭔가를 조사해야 하는 상황이 생기더라도 작업 흐름을 끊지 말고, 그냥 노트에 적어 놓은 뒤 계속 작업을 이어간다. 그러다가 적절히 일을 멈춰도 되는 시점이 되면 인터넷을 연결해 필요한 세부 정보를 조사해서 빈칸을 채우면 된다.

인터넷 연결을 끊을 수 없는 경우에는 웹사이트 차단 앱을 사용하자. 이런 앱을 사용하면 특정 웹사이트에 대한 접속 차

---

* http://journals.sagepub.com/doi/abs/10.1177/089443930101900403

단 시간을 선택할 수 있다. 페이스북에 중독되었는가? 차단 사이트 목록에 추가하자. CNN.com을 멀리할 수 없을 것 같은가? 차단해 버리자. 인터넷 커뮤니티에서 벗어나기가 어려운가? 이것도 차단 목록에 집어넣자.

이렇게 해 두면 뭔가를 조사해야 하는 경우에도 자주 들러서 시간을 낭비하는 웹사이트에 들어가 한 시간씩 허비하게 될 거라는 두려움 없이 조사를 할 수 있다.

하루 종일 이메일을 확인하고 싶은 유혹도 뿌리쳐야 한다. 브라우저에 이메일 탭을 열어두지 말자. 업무 중에 휴대폰을 켜 둬야 하는 경우(예: 중요한 전화가 예상되는 경우)에는 새로운 이메일 도착을 알리는 알림을 꺼놓자.

문자 메시지도 비슷하게 취급해야 한다. 가능하면 일하는 동안 스마트폰을 꺼 놓는 게 좋다. 그러면 새로운 문자 메시지 도착 알림을 듣지 않아도 되고, 문자 메시지를 읽기 위해 하던 일을 중단하고 싶은 유혹도 느끼지 않을 것이다. 계속 켜 놔야 하는 경우에는 알림을 끄자.

위와 같은 조치를 취해 두면 평화롭게 일할 수 있다. 디지털 방해 요소 때문에 계속 방해를 받거나 유혹을 느끼지 않을 것이다. 그러면 결국 진행 중인 작업이나 프로젝트를 미루는 습관이 줄어든다.

시간을
여러 덩어리로 나누자

나는 '시간 덩어리(Time Chunking)' 기법을 애용한다. 시간 덩어리는 포모도로(Pomodoro) 기법과 유사한 작업 흐름 시스템인데 차이점은 훨씬 유연하다는 것이다.

작동 방식은 다음과 같다.

첫째, 하려는 작업 유형과 필요한 집중 정도에 따라 작업을 구분한다. 예를 들어, 어떤 업무에는 글쓰기나 조사 작업이 포함되고 공과금 납부 같은 일에는 단순하고 반복적인 동작이 수반될 수 있다.

둘째, 각 작업(또는 작업군)을 완료할 수 있는 적절한 시간을 정한다.

셋째, 중단 없이 작업을 수행할 시간 덩어리를 기준으로 일정을 정한다. 시간 덩어리 사이에 휴식 시간을 넣어야 한다.

보고서 작성을 예로 들어보겠다. 이 작업을 완료하는 데 4시간이 필요할 것으로 예상된다.

4시간은 상당한 노력을 의미하므로 미루고 싶은 유혹을 느낄 수도 있다. 그러니 이 작업을 다음과 같이 관리 가능한 시간 덩어리로 나누어 보겠다.

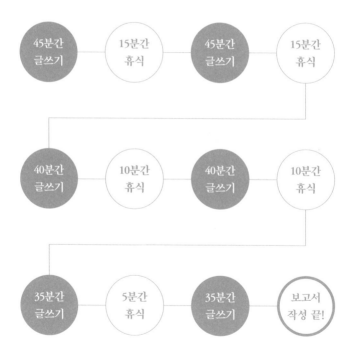

규모가 큰 작업을 이렇게 여러 덩어리로 나누면 위압감이 줄어든다. 게다가 각 시간 덩어리 사이에 정기적인 휴식이 보장되면 작업이 덜 힘들고 실행 가능해 보인다.

나 개인적으로도 4시간 동안 계속 앉아서 보고서를 쓰라고 하면 하기 싫다. 하지만 45분간 글을 쓰고 15분간 휴식을 취한다면? 40분 동안 쓰고 10분 쉰다면? 그럼 전혀 문제가 되지 않는다. 그러다 보면 작업이 완료될 것이다.

시간 덩어리를 이용해 일할 때는 벽시계에 의존하지 말고 타이머를 사용하는 게 좋다. 5달러짜리 주방용 타이머도 괜찮다. 스마트폰을 사용하는 게 더 편할 수도 있지만 이메일, 문자 메시지, SNS 알람 때문에 집중이 안 될 수도 있으니 주의해야 한다.

타이머를 앞에 놔두고 다음 시간 덩어리에 할당한 시간(예: 45분)에 따라 타이머를 설정한다. 그리고 타이머가 시간이 다 됐다는 신호를 보낼 때까지 작업이나 프로젝트를 수행하면 된다. 타이머가 울리기 전에 작업을 중단해선 안 된다.

타이머가 울리면 다음 휴식에 할당한 시간(예: 15분)에 따라 타이머를 설정한다. 그 시간 동안에는 당면한 작업 대신 하려고 했던 시간 낭비 행동을 포함해 하고 싶은 건 뭐든지 해도 좋다. 좋아하는 블로그 글도 읽고, 페이스북도 확인하고, 유튜브 동영상도 보고, 컨디션 회복을 위해 낮잠도 자자.

타이머가 울리면 다음 시간 덩어리에 할당된 시간에 따라 타이머를 설정하고 다시 작업을 시작한다.

이런 식으로 일하면 미루고 싶은 유혹이 줄어든다. 크고 힘든 프로젝트를 관리하기 쉬운 작은 단위로 나누는 것이다. 또 짧은 시간 동안 일하면 집중력이 향상되어 주의가 산만해지는 일도 줄어든다.

다음에 완료하는 데 2시간 이상 걸리는 작업이나 프로젝트를 하게 되면 시간을 여러 덩어리로 나눠 보자. 잠시 뒤에 휴식을 취할 수 있다는 걸 알면 기꺼이 일을 시작하려는 의지가 생기는 걸 느끼고 아마 놀랄 것이다.

전술16

불필요한 일은
숨아내자

앞서 얘기한 것처럼 선택의 여지가 많을 때는 일을 미루기 쉽다. '당장의 달콤함에 취해서'에서 이런 경향에 대해 살펴봤다. 하지만 거기에서는 다루는 범위를 SNS나 유튜브, TV 같은 방해 요소로 제한했다.

그러나 사실 다른 작업도 동일한 효과를 발휘할 수 있다. 힘든 일과 쉬운 일 중 하나를 선택해야 한다면 대부분 후자를 선택하고 싶은 유혹을 느낄 것이다.

당신도 경험을 통해 이걸 알고 있다. 때때로 체크리스트를 검토하면서 시간과 노력이 비교적 덜 드는 항복에 마음이 끌렸을 것이다. 나도 이런 적이 셀 수 없이 많다. 이렇게 쉬운 일은 어려운 일을 미루도록 유혹한다.

때로는 이런 작업도 해야 한다. 당장 해결할 필요는 없지만 어느 시점엔가는 해야 하는 일이다. 예를 들어, 고객에게 전화를 걸거나, 자녀의 담임에게 이메일을 보내거나, 이번 달 공과금을 내야 할 수도 있다. 이런 작업에도 주의를 기울여야겠지만 즉각적인 주의가 필요한 경우는 거의 없다. 그냥 일간 일정표에 넣어놓고 우선순위에 따라 처리하면 된다.

그런가 하면 완전히 불필요한 작업도 있다. 목표 달성에 전혀 도움이 되지 않는 그런 작업은 시간과 노력만 낭비할 뿐이다.

아마 당신도 이런 일을 겪은 적이 있을 것이다. 너무 길어서 도저히 모든 항목을 다 끝낼 수 없는 체크리스트를 만든 적이 있는가? 그 목록을 보고 왜 몇몇 항목이 거기 끼어 있는지 궁금해한 적이 있는가?

나는 정기적으로 이런 문제를 겪었다. 몇 년 전까지만 해도 내 체크리스트는 상황별로 잘 정리되어 있지 않았다. 그냥 생각나는 대로 적어둔 방대한 작업 목록에 불과했다. 상당수의 작업은 전혀 중요하지 않았다. 체크리스트에서 사라져도 전혀 눈치채지 못했을 것이다.

이런 불필요한 작업은 간단하고 완료하는 데 시간과 노력이 거의 들지 않기 때문에 내면의 미루는 자아에게 매력적이다.

나는 이런 중요하지도 않은 일을 하느라 더 어렵고 중요한 일을 미루곤 했다. 일종의 회피였다.

결국 체크리스트 시스템을 정비하게 됐다. 내 최우선 순위 중 하나는 체크리스트에 사소한 작업이 표시되지 않게 하는 것이었다. 또 날마다 체크리스트를 검토해서 나와 무관하거나 다른 일에 영향을 미치지 않아 제거할 수 있는 항목을 찾았다.

그러자 흥미로운 일이 일어났다. 첫째, 체크리스트의 항목 수가 수십 개에서 7개 미만으로 줄었다. 둘째, 무엇보다 중요한 건 이런 급격한 감소로 인해 어려운 작업을 미루는 걸 정당화할 수 있는 선택지가 줄었다는 점이다.

지금은 체크리스트가 그때보다 훨씬 줄었다. '전술6: 체크리스트의 사이즈를 줄이자'에서 얘기한 것처럼 세 가지 항목만 포함된 체크리스트를 실험하는 중이다. 이것이 미루는 습관에 미치는 영향은 더욱 명확하다. 체크리스트에 작업이 몇 가지밖에 안 되니까 중요하지 않은 일에 시간을 낭비하는 걸 정당화할 수가 없다.

당신도 매일 아침 체크리스트를 검토하는 게 좋다. 목표 달성에 미미한 영향을 미치는 사소한 작업이 있는지 찾아보자. 그러면 더 중요하고 필수적인 작업을 미루도록 유혹하는 항목을 제거할 수 있다.

멀티태스킹 말고
싱글태스킹을 하자

사람들은 대개 멀티태스킹을 한다. 한 번에 두 가지 이상의 일을 하면서 그게 더 많은 일을 하는 데 도움이 된다고 믿는다. 하지만 사실은 그렇지 않다는 걸 다들 직관적으로 알고 있다. 멀티태스킹은 집중력을 약화시키고 주의가 쉽게 산만해지도록 하며 실수할 확률을 높이고 생산성을 떨어뜨린다.

멀티태스킹 방식을 포기해야 하는 이유가 또 하나 있다. 우리가 일을 미루게 만들 가능성이 높다는 것이다. 여러 가지 작업과 프로젝트 사이에서 왔다갔다 하다 보면 자기가 마치 많은 일을 해낸 것처럼 느껴진다. 그리고 그 성취감을 즐긴다. 문제는 그게 대부분 환상이라는 것이다. 우리는 사소한 일을 처리하면서 바쁘게 지내지만 이 때문에 더 중요한 일을 간과하거나 심지어 적극적으로 무시한다. 즉, 멀티태스킹은 미루기의 한 형태다.

작가 클레이 셔키는 Medium.com에 기고한 기사에서 이 문제를 다음과 같이 적확하게 표현했다.

"사람들이 멀티태스킹을 시작하는 이유는 그게 더 많은 일을 하는 데 도움이 될 거라고 믿기 때문이다. 하지만 그런 이득은 얻지 못하고 업무 효율만 저하된다. 그러나 부수적인 효과로 정서적 만족을 안겨주기는 한다. 멀티태스킹은 업무 중에 미루는 즐거움을 느끼게 해 준다."＊

마지막 문장은 다시 되뇌어 볼 가치가 있다. "멀티태스킹은 업무 중에 미루는 즐거움을 느끼게 해 준다."

이건 우리 행동에 큰 영향을 미치는 매혹적인 효과다. 생산성에 대한 환상은 우리를 긍정적인 감정으로 가득 채운다. 우리는 많은 일을 해냈다고 생각할 때 정서적인 만족감을 느끼며 이런 감정은 우리가 한 행동을 반복하도록 유도한다.

＊ https://medium.com/@cshirky/why-i-just-asked-my-studentsto-put-their-laptops-away-7f5f7c50f368

그래서 계속 멀티태스킹을 하는 것이며 그 습관을 고치기 어려운 이유도 이 때문이다. 하지만 미루는 걸 정말 그만두고 싶다면 멀티태스킹을 억제해야 한다. 행동을 미루는 것과 멀티태스킹이라는 두 가지 습관은 서로 불가분의 관계에 있기 때문이다.

싱글태스킹을
하는 방법

싱글태스킹도 여느 습관과 같으므로 기를 때 인내심을 발휘해야 한다. 천천히 한 걸음씩 내디디면서 이를 기반 삼아 습관화하는 것이다.

첫째, 아직 하고 있지 않다면 날마다 체크리스트를 작성하는 걸 강력히 추천한다. 기억에 의존하지 말고 관심을 기울여야 하는 사항을 모두 적어놓는다. 앞서 말했듯이 선택의 폭이 줄어야 집중력이 높아지기 때문에 항목은 적을수록 좋다.

둘째, 체크리스트의 각 작업에 우선순위를 부여한다. 숫자(1, 2, 3)나 문자(A, B, C) 또는 작업 관리 앱의 우선순위 지정 기능을 사용하면 된다.

셋째, 전날 밤에 작업 우선순위를 정해 놓아야 한다. 그래야 그 일을 처리해야 하는 날에 시간을 낭비하지 않게 된다. 체크리스트를 슬쩍 보기만 해도 우선순위가 높은 항목을 확인할 수 있다면 덜 중요한 작업을 처리하기 전에 해당 항목에 주의를 집중할 수 있다.

넷째, 작업 공간에서 환경적, 디지털적 방해 요소를 모두 제거한다. 전술13과 14에서 이 주제를 자세히 다뤘다.

다섯째, 시간 덩어리를 이용해서 하루 일과를 계획한다(전술 15 참조). 시간 덩어리에 따라 일을 하면 한 번에 한 가지 일에만 집중할 수 있다.

여섯째, 인터넷상에서 멀티태스킹을 계속하고 싶은 유혹을 느낀다면 브라우저 탭을 하나만 남기고 모두 닫는다. 인터넷에 존재하는 끝없는 방해 요소에 덜 민감해질 것이다.

일곱째, 한 작업에서 다른 작업으로 전환할 때마다(이게 바로 멀티태스킹이다) 그런 식으로 일이 중단되는 데 따르는 비용을 인식해야 한다. 이를 전환 비용이라고 하는데 생산성에 치명적인 영향을 미칠 수 있다.

싱글태스킹은 습관이라는 걸 기억하자. 습관이 몸에 배도록 하는 가장 좋은 방법은 천천히 발전시키는 것이다. 다른 사람들처럼 당신도 평생 멀티태스킹을 해왔다면 특히 그렇다. 그러니 시간을 충분히 들이고, 자신에게 인내심을 발휘하고, 가끔 실수를 저질러도 용서하자. 장점은 집중력과 생산성이 높아지고 미루는 습관이 줄어든다는 것이다.

잃어버린 자존감을
되찾자

자기 대화는 자신에 관한 내적 대화다. 이건 자신을 인식하는 방식에 지대한 영향을 미쳐서 때로는 사실이 아닌 것까지 믿게 된다.

예를 들어, 나는 실패자라고 반복해서 되뇌다 보면 결국 자기가 하려는 모든 일이 실패할 것이라고 믿게 된다. 자신을 실패자로 규정하는 건 불공평하고 부정확한 묘사임이 분명하다. 그러나 이런 자기 인식이 머릿속 깊이 스며들어 의심 없이 받아들이게 되면, 결국 자기가 하는 모든 프로젝트가 실망만 안겨줄 거라고 확신하게 된다.

그러면 미루고자 하는 유혹이 커진다. 실패할 가능성을 좋아하는 사람은 아무도 없으므로 다들 피하려고 한다. 결국 우리에게 패배를 안겨줄 것이라고 생각되는 프로젝트를 무기한 연기하는 한이 있더라도 말이다.

자기 비하는 다양한 형태로 나타나는데 그중 가장 명확한 것은 자기비판이다. 스스로 느낀 결점을 질책하면서 그 부분에서 자기보다 우월하다고 생각되는 사람들과 자신을 불리한 방식으로 비교한다. 이런 습관은 우리 자존감을 강타하므로 어떤 행동도 취하기 어려워진다.

끊임없는 걱정도 또 다른 형태의 자기 비하다. 우리는 스스로 조작한 거짓이나 자기가 통제할 수 없는 문제를 고민하느라 지나치게 많은 시간과 에너지를 소비한다. 또 최악의 시나리오를 예상하기도 한다. 이렇게 끊임없는 걱정에 잠긴 사람이 일을 미루는 게 이상한 일이겠는가?

또 하나의 자기 비하는 완벽주의다. 우리는 완벽하지 않은 건 용납할 수 없다고 생각한다. 하지만 인간인 이상 본질적으로 불완전할 수밖에 없다는 사실을 직관적으로 알고 있다. 이렇게 불가능한 기준을 고수하면 결국 행동을 포기하게 된다.

자기 비하는 우리 행동에 심각한 영향을 미칠 수 있기 때문에 표면으로 떠오를 때마다 제거해야 한다.

첫째, 습관적으로 자기 비하를 하게 되는 삶의 영역이 어디인지 확인해야 한다. 예를 들어, 친구들과의 관계를 생각할 때마다 그럴 수도 있고 몸매 관리와 관련해 자신에게 부정적인 생각을 품을 수도 있다. 아니면 업무 수행 중에 자기 비하로 계속 스스로에게 부담을 주는 경우도 있다.

둘째, 다양한 형태의 자기 비하를 식별하는 방법을 배우자. 예를 들어, 나쁜 일이 생겼을 때 본능적으로 자신을 비난한다면 그것도 자기 비하다. 어떤 일을 시작하려고 하면서 곧바로 최악의 상황을 예상한다면 이것 역시 자기 비하다.

셋째, 자신에 대해 부정적인 생각이 들 때마다 긍정적이고 현실적인 생각을 해 보자. 일례로 자기가 완벽하게 해내지 못할 거라고 확신하면서 프로젝트를 미루고 있다면, 세상에 완벽한 사람은 없고 합리적인 사람이라면 완벽을 기대하지 않는다는 걸 기억하자. 게다가 불완전한 작업이라도 모든 사람의 기대를 뛰어넘을 가능성이 있다. 이런 긍정적인 생각을 습관화해서 자기 비하가 시작될 때마다 자동으로 대응할 수 있어야 한다.

넷째, 자신을 지지하는 사람들을 주변에 두자. 예를 들어, 당신이 완벽주의에 사로잡혀 있는 경우, "아무도 네가 완벽할 거리고 기대하지 않아. 그냥 집중하면서 자기 능력을 믿어. 그러면 아주 잘 해낼 수 있을 거야"라고 말해주는 친구가 있으면 좋다.

자기 비하를 없애는 건 하루아침에 가능한 일이 아니라 시간이 좀 걸린다. 그러나 자신에 대한 내면의 부정적인 생각에 계속 이의를 제기하다 보면 그 일이 점점 쉬워질 것이다. 그 과정에서 자기 능력에 보다 긍정적이고 낙관적인 생각을 품게 되고 갈수록 기꺼이 행동을 취하게 된다.

선택지는
딱 하나만 남기자

이 전술은 '전술16: 불필요한 일은 솎아내자'와 관련이 있다. 하지만 여기서는 일간 체크리스트의 사소한 항목을 삭제하는 데 집중하지 않고 좀 더 과감한 방식을 취하려고 한다.

첫째, 우리 삶에서 선택이 하는 역할을 인정하는 게 중요하다. 우리는 다양한 방법으로 시간을 보낼 자유가 있다. 집에서 휴식을 취하든 아니면 사무실에서 일하든 주변에는 우리 관심을 끌려는 것들이 많다. 그런 선택지 중 일부는 즉각적인 만족을 제공하여, 현재 만족감이 덜한 중요한 작업을 미루도록 유혹한다.

예를 들어, 인터넷으로 작업을 하고 있다고 가정해 보겠다.

당신의 최우선 과제 중 하나는 업무와 관련된 과학 논문을 읽는 것이다. 이 논문은 길고 많은 양의 정보가 포함되어 있기 때문에 다 읽으려면 오랜 시간과 노력이 필요하다.

당신도 나와 비슷하다면 브라우저에 탭이 여러 개 열려 있을 것이다. 각각의 탭은 당면한 작업에서 주의를 딴 데로 돌리는 선택지다. 이 경우 보다 즉각적인 만족을 제공하는 콘텐츠를 읽기 위해 과학 논문 읽는 걸 미루고 싶은 유혹을 뿌리칠 수 없다.

해결책은 현재 작업과 관련 없는 선택지를 모두 제거하는 것이다. 이 경우에는 과학 논문이 열려 있는 탭을 제외한 모든 브라우저 탭을 닫는 걸 의미한다. 또 다른 예도 살펴보자.

사무실에서 중요한 프레젠테이션을 준비하고 있다고 가정해보겠다. 문제는 업무가 힘들어서 주의가 산만해지기 쉽다는 것이다.

이메일 확인, 음성 메시지 듣기, 곧 있을 회의 참석, 동료 사무실에 가서 잡담 나누기 등 시간을 보내는 방법에 대한 다른 선택지가 있다. 이런 선택지는 전부 프레젠테이션 준비를 미루기 위한 핑계일 뿐, 그중 어느 것도 우선순위가 높지 않다.

이에 대한 한 가지 해결책은 펜과 종이를 들고 회의실에 들어가 자신을 외부와 격리하는 것이다. 컴퓨터와 스마트폰은 놔두고 가야 한다. 그러면 다른 선택지가 없어져서 프레젠테이션

에만 집중할 수 있다. 이렇듯 다른 할 일이 없으면 눈앞의 일을 미루기 힘들다.

가능하면 선택지를 하나로 줄여야 하는데, 체크리스트에서 가장 중요한 작업을 택하는 게 좋다. 그런 다음 시간 덩어리를 이용해서 해당 작업에 100퍼센트 집중할 수 있는 시간을 할당한다.

저명한 프랑스 소설가 빅토르 위고에 대한 흥미로운 이야기로 이 장을 마무리하겠다. 그도 미루는 습관 때문에 어려움을 겪었다고 한다. 그는 바, 카페, 공원, 산책로가 가득한 파리에서 대부분의 글을 썼고, 이런 수많은 선택지 때문에 일을 제쳐두고 놀고 싶은 유혹을 끊임없이 느꼈다.

그는 외출이 집필에 부정적인 영향을 미치리라는 사실을 알았고 그래서 해결책을 생각해냈다. 그는 매일 서재에 틀어박혀서 옷을 모두 벗은 다음 하인에게 자기 옷을 숨겨달라고 부탁했다. 그리고 자기가 그날 정해진 작업을 끝냈을 거라고 예상되는 시간에 옷을 돌려달라고 했다.

그는 옷을 포기함으로써 선택지를 없앴고, 그날의 집필을 완료하는 데 필요한 시간 동안 서재에 머물 수밖에 없었다. 그는 틀림없이 뭔가를 알고 있었던 것 같다.

다음에 또 일을 미루고 싶은 생각이 들면 지금 미루려고 하는 일과 관련 없는 선택지를 모두 제거해 보자. 선택지를 하나만 남겨두면 작업을 시작하기가 훨씬 쉽다는 걸 알게 될 것이다.

왜 미루는지
자신에게 물어보자

'1장: 너, 나, 우리가 미루는 진짜 이유'에서 일반적으로 일을 미루는 이유를 십여 가지 살펴봤다. 개중에는 당신의 개인적인 상황과 일치하지 않는 것들도 많겠지만 적어도 몇 개는 해당될 것이다.

사람들이 미루는 이유를 이해하는 것만으로는 충분하지 않다. 개인적인 이유도 알아야 이를 극복하기 위한 조치를 취할 수 있다.

당신은 실패가 두려운가, 아니면 성공이 두려운가? 이 두 가지 이유는 각기 다른 방법으로 해결해야 한다. 아니면 압도감이나 지루함을 느낄 때 미루는 습관이 나타날 수도 있다(둘 다

일반적인 이유이다). 이런 각각의 장애물은 전부 다른 해결책, 즉 서로 다른 치료 과정을 필요로 한다.

어쩌면 역경에 대한 내성이 부족해서 일이 뜻대로 되지 않으면 금세 무력감을 느끼지만 결정을 내리는 데는 아무런 문제도 없을 수 있다. 아니면 반대로 수많은 역경은 견딜 수 있지만 결정을 내리는 건 언제나 어려웠을지도 모른다. 각 시나리오에 따라 회복으로 향하는 길이 달라진다.

'1장: 너, 나, 우리가 미루는 진짜 이유'에서는 내 개인적인 장애물들을 강조했다. 과거에는 완벽주의가 내게 큰 장애물이었고 새로운 시도를 하는 걸 항상 싫어했다는 말도 했다. 그리고 부정적인 사건에 대한 내성이 낮았다는 얘기도 했다.

문제를 해결하기 위한 조치를 취하기 전에 먼저 이런 이유를 개인적인 장애물로 인식해야만 했다. 당신도 본인이 미루는 이유를 생각해 보라고 강력히 권하고 싶다.

개인적인 이유를
깨닫는 방법

특정한 방식으로 행동하도록 유도하는 신호가 무엇이었는지

나중에 기억해내는 건 어려운 일이다. 그러니 미루고 싶은 마음이 들 때마다 모니터링하는 게 좋다. 최소 2주 동안 추적해야 한다. 방법은 다음과 같다.

자기가 일을 미루려고 한다고 느낄 때마다 하던 일을 멈추고 본인의 정신 상태를 평가해야 한다. 그 순간 행동을 취하지 못하도록 방해하는 게 뭔지 자문해 본다. 시작할 지점이 필요하다면 '1장: 너, 나, 우리가 미루는 진짜 이유'의 내용을 살펴보자.

이유를 확인했으면 이를 기록해 둔다. 두 가지 이상일 수도 있는데 전부 적어둬야 한다.

2주 동안 추적해 보면 패턴이 나타나는 걸 볼 수 있다. 예를 들어, 게으름 때문에 미루는 습관이 있다는 걸 알아내거나 비현실적으로 높은 기준을 고수하는 탓에 계속 일을 미룬다는 걸 깨달을 수도 있다(완벽주의).

이 실습의 목적은 개인적인 이유를 정확하게 찾아내는 것이다. 이 과정을 거치고 나면 확실한 변화를 이루기 위한 조치를 취할 수 있다.

일주일마다
체크리스트를 정리하자

나는 개인적으로 주간 평가를 해 보기를 적극적으로 지지한다. 이건 단기, 중기, 장기 목표에 따라 가장 생산적인 방식으로 시간과 노력을 쏟는 데 도움이 된다.

또 작업과 프로젝트 관리를 위해 체크리스트를 여러 개 사용하는 게 좋다. 적어도 일간 체크리스트와 마스터 체크리스트는 계속 만들어야 한다. 이상적인 상황에서는 마스터 체크리스트가 하나 이상의 상황별 체크리스트를 제공하므로 작업량을 잘 관리할 수 있다.

마스터 체크리스트와 상황별 체크리스트를 관리할 때 겪게 되는 가장 일반적인 문제 중 하나는 체크리스트가 너무 길어

진다는 것이다. 매일 새로운 작업과 프로젝트가 추가되면 결국
이 체크리스트를 사용할 수 없게 된다.

이런 작업과 프로젝트 중 일부는 중요하므로 그 중요도에 따
라 처리된다. 그런가 하면 어떤 건 별로 중요하지는 않지만 몇
주, 심지어 몇 달간 계속 체크리스트에 남아 있다. 시간이 지나
면 그런 게 부담이 된다. 불필요할 뿐 아니라 체크리스트를 어
수선하게 만든다. 체크리스트가 복잡할수록 그것이 부과하는
산더미 같은 일에 압도당할 가능성이 크다.

이런 압도감은 '1장: 너, 나, 우리가 미루는 진짜 이유'에서
자세히 얘기한 것처럼 미루는 습관을 유발하는 일반적인 원인
이다.

주간 평가는 이 문제를 적극적으로 관리할 수 있는 간단한
방법이다. 이는 다양한 일에 매몰되는 기분을 느끼지 않고 중
요한 작업에 시간과 노력을 집중하는 데 도움이 된다.

주간 평가를 수행하는 동안 목표에 필수적인 작업과 아무 영
향 없이 제거할 수 있는 작업을 구분하게 된다. 또 목표의 중요
도가 높아지거나 낮아짐에 따라 작업의 우선순위를 재설정할
수 있는 기회도 생긴다.

이 실습의 목적은 체크리스트를 정리하는 것이다. 매주 목표
를 검토해서 아무 영향 없이 폐기할 수 있는 작업과 프로젝트

를 신속하게 평가할 수 있다. 그러면 체크리스트가 깔끔하고 체계적으로 유지되어 부담을 덜 느끼게 된다.

깔끔한 체크리스트로 한 주를 보내면 업무량에 대한 부담이 줄어든다. 한정된 시간을 불필요한 일에 허비하는 일 없이, 완료할 경우 목표 달성에 도움이 되는 적은 수의 항목에 집중할 수 있다. 그리고 그건 미루는 습관을 마침내 극복하는 데 도움이 되는 열쇠 가운데 하나가 될 것이다.

유혹 묶기:
미루고 싶은 건 원 플러스 원으로 묶자

'유혹 묶기(Temptation Bundling)'라는 말을 처음 들으면 아마 이상하게 느껴질 것이다. 이 개념은 와튼 경영대학원 교수인 캐서린 밀크먼 박사가 만든 것으로 그녀가 운동 루틴을 고수하려고 애쓰다가 실패했을 때 만들었다고 한다.

당시 그녀는 《헝거 게임(The Hunger Games)》 같은 소설을 열심히 읽고 있었다. 그래서 그런 소설을 읽고 싶은 유혹과 헬스클럽에 가는 유혹 두 가지를 하나로 결합시켰다. 매일 정해진 운동을 다 마쳐야만 원하는 소설을 읽을 수 있다고 정한 것이다.

이 방법은 효과가 있었다. 자기가 가장 좋아하는 행동(소설 읽기)과 계속 유지하기 힘든 습관(운동)을 결합시키는 게 성공적이라는 걸 깨달았다. 그녀는 좋아하는 책을 읽을 수 있다는 약속에 자극받아 일주일에 5일씩 헬스클럽에 다니기 시작했다.

그녀는 유혹 묶기란 "즉각적인 만족감을 주는 '좋아하는' 행동과 장기적인 이익을 제공하지만 의지력을 발휘해야 하는 '의무적인 행동'을 결합시키는 것이다"라고 설명한다.* 다시 말해, 해야 할 일을 한 자신에게 보상을 해주는 것이다.

유혹 묶기는 단순한 습관 형성 외에도 미루는 습관을 억제하는 것처럼 실용적인 목적으로도 사용할 수 있다.

예를 들어, 당신이 차고 청소를 미루고 있다고 가정해 보겠다. 이건 상당한 시간이 걸릴 수밖에 없는 큰 작업이다. 게다가 차고는 덥고 먼지도 많으니 이 일이 별로 기대되지 않는다고 말하는 건 상당히 절제된 표현일 것이다.

당신은 차고를 청소하는 대신 〈소프라노스(The Sopranos)〉, 〈왕좌의 게임(Game of Thrones)〉, 〈다운튼 애비(Downton Abbey)〉, 〈성범죄수사대 : SVU(Law & Order : SVU)〉 등 좋아하는 드라마를 몰아보고 싶은 유혹을 느낀다. 그렇다면 집안일(차고 청소)과 원하는 행동(좋아하는 TV 프로그램 시청)을 하나로 연

---

* https://www.youtube.com/watch?v=snHnUc9Yudk

결시키자. 후자를 전자를 완료한 것에 대한 보상으로 이용하는 것이다.

즉, 하고 싶은 일을 해도 된다는 약속을 이용해서 해야 할 일을 하도록 스스로 동기를 부여하는 것이다. 이런 보상을 통해 충분한 동기를 부여받으면 당면한 일을 미루지 않고 행동에 옮기려고 할 것이다.

유혹 묶기 시스템을
만드는 방법

체크리스트가 두 개 필요하다. 첫 번째 체크리스트에는 완료해야 하는 작업이 포함되고 두 번째 체크리스트에는 당신이 하고 싶은 행동(예:보상)이 포함된다.

아마 첫 번째 체크리스트는 이미 있을 것이다. 이게 일간 체크리스트다. 다음 단계는 두 번째 체크리스트(보상 체크리스트)를 작성하는 것인데 여기에 포함될 수 있는 행동은 다음과 같은 것들이다.

- 좋아하는 TV 프로그램 시청하기

- 좋아하는 비디오 게임하기
- 페이스북에서 시간 보내기
- 스타벅스에서 좋아하는 음료 마시기
- 산책하기
- 근처 쇼핑몰에 가서 새 셔츠나 블라우스 사기
- 친구를 만나 점심 먹기

두 가지 체크리스트를 모두 만들었으면 이제 남은 일은 미루고 싶은 작업을 즐거운 행동과 연결시키는 것이다. 이때 보상 행동은 해야 할 일을 완료하기 위해 들인 시간과 노력에 비례하는 수준의 즉각적인 만족감을 안겨줘야 한다.

예를 들어 친구를 만나 점심을 먹는 건 차고 청소에 대한 합리적인 보상일 수 있지만, 부엌 쓰레기를 비운 것에 대한 보상으로는 너무 과하다.

유혹 묶기는 미루는 습관을 억제하는 데 매우 효과적이니 당신도 시도해 보길 바란다. 미루기 쉬운 작업에 대해 스스로 행동을 취하도록 유도하는 훌륭한 도구라는 걸 알게 될 것이다.

이행 장치 :
물러날 수 없도록 배수진을 치자

이전 전술에서 이 개념에 대해 잠깐 얘기했지만 제대로 정의하지는 않았다. 지금 해 보도록 하자.

이행 장치(Commitment Device)란 우리가 행동하거나 시간을 보내는 방식을 제한하는 것이다.

예를 들어, 친구와 함께 좋아하는 식당에 갈 계획이라고 가정해 보자. 그런데 당신은 다이어트 중이라서 디저트를 먹고 싶은 유혹을 물리쳐야 하는 상황이다. 그래서 친구에게 100달러를 미리 주고 혹시 당신이 유혹을 이기지 못해서 디저트를 먹으면 그 돈을 가져도 된다고 말한다. 이런 것도 일종의 이행 장치다.

우리는 대부분의 업무를 온라인으로 처리하는데, 문제는 한 번의 클릭만으로 SNS, 이메일, 유튜브에 접속할 수 있으니 계속 주의가 산만해진다는 것이다. 이런 방해 요소를 물리치기 위해 웹사이트 차단 앱을 사용한다면, 웹사이트 차단 앱도 이행 장치라 할 수 있다.

이행 장치라는 말은 베스트셀러 논픽션 《괴짜경제학(Freakonomics)》의 저자인 스티븐 레빗과 스티븐 J. 더브너가 만든 것이다. 그들은 이행 장치를 다음과 같이 정의했다.

"다른 상황이라면 선택하지 않을, 원하는 결과를 만드는 행동 과정에 자신을 가두는 수단이다."

이행 장치는 선택지를 제한한다. 그리고 당신이 무얼 해야 하는지 알고, 그에 따라 행동하도록 이끄는 분별 있는 이성적 자아가 주도권을 잡게 한다. 그들은 즉각적인 만족을 약속하는 일을 위해 중요한 일을 미루는 습관이 있는 비합리적인 자아를 뒷자리로 밀어낸다.

이행 장치가 우리 행동에 부과하는 제약은 의도적인 행동을 하도록 자극하는 데 매우 중요하다. 상충되는 다양한 선택지에 골고루 시간을 할당하도록 강요하는 게 아니라 처음부터 그중 일부만 남기는 것인데, 가장 이상적인 건 당면한 작업 하나만 남는 것이다.

예를 들어, 업무에 필요한 프레젠테이션을 준비해야 한다고 가정해 보자. 작업을 완료하는 데 2시간이 걸릴 것으로 예상된다. 문제는 유튜브 영상을 보거나, 뉴스 기사를 읽거나, 동료와 잡담하면서 시간을 보내고 싶어진다는 것이다.

StickK.com은 목표를 달성하지 못하면 자신에게 벌금을 매길 수 있는 서비스를 제공하는 웹사이트이다. 이것을 이행 장치로 사용해서 일을 계속 진행하는 방법을 알아보자.

- **1단계** StickK.com에 가서 목표를 선택한다(예: 2시간 안에 프레젠테이션 작업 완료).
- **2단계** 신용 카드를 등록하고 벌금을 정한다(예: 100달러).
- **3단계** 심판을 지정한다. 동료, 상사, 비서 등 당신의 모습을 계속 지켜볼 수 있는 사람을 선택해야 한다.
- **4단계** 심판으로 선택한 사람에게 그의 역할을 알린다.

StickK.com은 심판에게 연락해서 결과를 확인한다. 2시간 안에 프레젠테이션 작업을 완료했다면 돈을 한 푼도 잃지 않는다. 하지만 목표를 달성하지 못했다는 게 알려지면 당신의 신용 카드로 벌금 100달러(당신이 선택한 금액)가 청구될 것이다.

이 특별한 이행 장치를 사용해도 프레젠테이션을 미룬 채 동영상을 보거나 최근 게시물을 읽거나 동료와 잡담을 하면서 시간을 보낼 수 있다. 하지만 그렇게 하면 대가를 치르게 되는데 그건 본인이 직접 정한 대가다. 벌금을 높게 걸어두면 프레젠테이션 작업에 전념해야 한다는 압박감을 느끼게 될 것이다.

행동 유도를 위한 이행 장치는 최근에 발명된 게 아니다. 1521년 스페인의 정복자 에르난 코르테스는 아즈텍 제국의 수도인 테노치티틀란으로 진군하기 전에 자기가 타고 온 배를 불태우고 침몰시켰다. 그렇게 한 덕분에 반란을 일으킬 우려가 있는 부하들의 선택지가 제한되었다. 배가 침몰한 상황에서는 앞으로 나아갈 수밖에 없었다.

다행히 오늘날 우리가 치러야 할 대가는 그렇게 심각하지 않다. 하지만 이행 장치는 우리가 미루는 습관을 극복하는 데 매우 유용할 수 있다. 즉각적인 만족을 누리려고 중요한 프로젝트를 미루고 싶은 유혹을 느낀다면 이행 장치를 활용하자. 그러면 그 장치는 우리가 일에 집중하면서 미루려던 프로젝트를 계속 진행하도록 도와줄 것이다.

자기 용서:
한번 미뤘다고 해서 자책하지 말자

내가 쓴 다른 책을 읽어봤다면 내가 자기 용서(Forgive Yourself)를 매우 중요하게 여긴다는 사실을 알 것이다. 난 상황을 잘못 처리할 때마다 자신에게 친절한 태도를 보여야 한다고 생각한다. 스스로를 질책하는 건 문제 해결에 도움이 되지 않는다.

일을 미루는 경우에도 물론 그렇다. 사실 자신을 꾸짖으면 상황이 더 악화될 가능성이 높다. 자기가 실패했다고 느끼는 건 긍정적인 변화를 가져오는 좋은 동기가 되기 어렵기 때문이다.

미루는 건 습관이라는 걸 계속 되새겨야 한다. 시간이 지나면서 학습이 되고 실행할 때마다 강화된다. 그렇게 수년간의 실행을 통해 우리 머릿속에 깊이 뿌리내렸고 일상적인 과정의 일부가 되었다. 우리는 본능적으로 마음에 들지 않는 일을 미룰 방법부터 찾는다.

이 확고한 습관을 깨는 건 하루아침에 가능한 일이 아니다. 습관이 생기기까지 몇 년이 걸렸으니 억제하는 데도 시간이 걸릴 것이다. 그 과정에서 사소한 좌절을 겪게 될 것이 분명하다. 하지만 괜찮다! 자신을 용서하고, 다시 다짐하고, 한 걸음 더 나아가면 된다.

미루는 습관을 억제하는 데 자기 용서가 중요하다

자기 용서가 미루는 습관을 없애는 데 도움이 될 수 있다는 건 과학적으로도 입증되었다. 2010년에 캐나다 칼튼 대학교 심리학 교수인 마이클 울과 앞서 언급한 《START, 시작하라!》의 저자인 티모시 파이카일, 그리고 정신과 의사 섀넌 베넷이 공동으로 연구를 진행했다. 그들은 "일을 미룬 자신을 용서하면 다음에 비슷한 일을 하게 될 때 미루는 경우가 줄어들까?"라는 질문을 했다.

울과 동료들은 이 질문에 답하기 위해 연속해서 진행되는 두 번의 시험에 대비하라는 지시를 받은 대학교 1학년 학생 134명을 추적했다. 학생들은 다음의 네 가지 사항을 보고해야 했다.

- 1차 시험공부를 미뤘는지 여부
- 그렇게 한 것에 대한 죄책감
- 자신을 용서했는지 여부
- 2차 시험공부를 미뤘는지 여부

울, 파이카일, 베넷은 1차 시험공부를 미루기로 한 학생들의 자기 용서 효과에 주목했다. 그들은 이런 자기 용서가 학생들의 죄책감과 정서적 고통을 감소시켰는지, 그리고 그것이 두 번째 시험공부를 미루는 습관에 어떤 영향을 미쳤는지 집중해서 살펴봤다.

울과 동료들은 자신을 기꺼이 용서한 학생들은 향후 행동이 바뀔 가능성이 더 높다는 걸 발견했다. 즉, 두 번째 시험공부를 미루는 습관이 줄어든 것이다.

연구진은 다음과 같은 결론에 도달했다.

'용서는 개인이 부적응적인 행동을 뛰어넘어, 공부를 방해하는 과거 행동에 대한 부담 없이 다가오는 시험에 집중할 수 있게 해준다. 미루기가 자아를 해치는 행위라는 걸 깨닫고, 자기 용서를 통해 이런 자해와 관련된 부정적인 감정을 떨쳐 낸 학생은 다음 시험공부에 건설적으로 접근할 수 있다.'*

이건 첫 번째 미루기 행위에 대한 자기 용서가 두 번째 행위의 발생 가능성을 줄여준다는 걸 멋지게 표현한 것이다.

자신을
용서하자

과학과 연구는 차치하더라도, 프로젝트를 미룬 자신을 질책해봤자 장기적인 행동 변화로 이어지지 않는다는 걸 경험으로 알고 있을 것이다. 오히려 자신의 결정에 기분만 더 나빠질 뿐이다.

자신을 용서하면 본인의 결정에 대한 책임을 받아들이고 그에 수반되는 후회에 직면할 기회가 생기며, 무엇보다 계속 전진하면서 앞으로는 다르게 행동하겠다고 다짐하게 된다. 이 과

---

* https://www.sciencedirect.com/science/article/abs/pii/S0191886910000474

정은 미루기라는 짐승을 길들이는 데 도움이 되지만, 자기 비난은 그 짐승을 더 흉포하게 만들 뿐이다.

지금까지 미루는 습관을 극복하기 위해 사용할 수 있는 20여 가지 전술을 살펴봤다. 하지만 미루는 게 사실 도움이 되는 경우도 있다는 걸 아는가? 다음 페이지에 나오는 답을 보면 놀랄 것이다.

3장

때로는

미루는 편이

더 나을 때도 있다

지금까지는 일을 완수하는 데
방해가 되는 미루기에 대해 얘기했다.
하지만 여기에는 더 많은 사정이 있다.
때로는 미루는 게 도움이 될 때도 있기 때문에
이때는 억제하려고 하기보다
받아들이는 게 합리적이다.

처음 들을 때는 이해가 잘 가지 않을 수도 있다.
우리는 일반적으로 미루기가
생산성에 부정적인 영향을 미치는 상황만 생각한다.
하지만 다음 장에서는
생산성을 높이는 데 도움이 될 수 있는
미루기를 소개하겠다.

이 장의 주제는 일을 미룰 수 있는
면죄부를 주려는 게 아니다.
미루는 습관을 활성화하려는 것도 아니다.
하지만 전형적인 미루기의
다양한 변형을 알아두면
하려는 일에 맞춰서 하루 일정을 잘 짜는 데
도움이 될 것이다.

지금 말한 내용이
혼란스럽게 느껴지더라도
걱정할 필요 없다.
앞으로 몇 분 안에 모든 게 명확해질 것이다.

————————

잘 미루는 것도
전략이다

'적극적인 미루기'라는 말은 '비극적인 코미디'나 '공개된 비밀' 같은 모순처럼 들린다. 일과 프로젝트를 미룬다는 건 곧 아무것도 하지 않는다는 뜻인데 어떻게 이걸 적극적으로 할 수 있단 말인가?

그 대답은 미국 유머 작가 로버트 벤츨리가 한 말에 가장 잘 표현되어 있다.

"지금 하고 있어야 하는 바로 그 일만 아니라면, 누구나 무한한 양의 일을 할 수 있다."

오늘 해야 하는 가장 중요한 일이 너무 벅차게 느껴진다면 그걸 대신할 다른 일을 찾으려고 할 것이다. 수동적으로 미루는 사람은 작업 우선순위는 거의 고려하지 않은 채 지금 당장 만족할 수 있는 일로 그 시간을 채울 것이다. 적극적으로 미루는 사람은 원래 작업만큼 중요하고 더 긴급하다고 생각되는 다른 작업을 처리한다.

예를 들어, 집을 대청소할 계획이라고 가정해 보겠다. 그 작업을 완료하는 데는 3시간이 걸리고 많은 노력을 들여야 할 것이다. 당신이 이 일을 싫어한다고 말하는 건 절제된 표현이다.

수동적으로 미루는 사람이라면 넷플릭스에서 좋아하는 프로그램을 한꺼번에 몰아보면서 대청소를 미룰 수도 있다. 반면 적극적으로 미루는 사람은 대청소를 미룬 채 그 시간에 공과금을 납부하고, 식료품을 사고, 저녁 식사를 준비할 것이다. 대청소만큼 중요하고 어쩌면 더 긴급할 수도 있는 일을 처리하기로 한 것이다.

적극적으로 미루는 사람은 결국 대청소도 하게 될 것이다. 특히 자기가 기한을 정했다면 더욱 그렇다. 정해 놓은 기한이 코앞에 닥쳤을 때 겨우 끝낼 수도 있지만 어쨌든 작업은 완료될 것이다.

이것이 바로 적극적인 미루기다. 연구진은 이런 습관이 시간

을 활용하는 방식에 긍정적인 영향을 미칠 수 있다는 걸 발견
했다.*

적극적인 미루기가
생산성을 높이는 방법

적극적인 미루기는 압박감을 느껴야 생산성이 높아지는 이들
에게 특히 적합하다. 게다가 이런 사람들은 우선순위에 따라 서
로 상충되는 선택지 사이에서 시간을 배분하는 데도 능숙하다.

　이건 하지 말아야 할 일을 하면서 시간을 낭비하는 전형적인
미루는 이들과 매우 다른 모습이다. 적극적으로 미루는 사람은
위협적이거나 불쾌한 일을 미룰 때도 유튜브 동영상을 보면서
시간을 보내지 않는다. 그들은 다른 중요한 일을 처리한다.

　이렇게 절제력을 발휘하며 적극적으로 미루는 사람은 생산
성이 매우 높다. 원래 계획한 순서대로 진행되지는 않더라도
체크리스트에 있는 작업을 모두 완료한다.

　게다가 적극적으로 미루는 사람은 압박감을 느끼며 일해야

* https://www.ncbi.nlm.nih.gov/pubmed/15959999

하는 상황 속으로 자신을 밀어넣기 때문에 완벽주의의 방해를 받을 가능성이 적다. 그들은 암묵적으로 자신에게 불완전하게 일 처리를 해도 되는 권한을 부여한다.

모든 생산성 전문가가 적극적으로 미루는 습관이 긍정적인 결과로 이어진다는 데 동의하는 건 아니다. 예를 들어 앞서 얘기한 《START, 시작하라!》의 저자 티모시 파이카일은 미루기의 핵심은 자기 통제 실패라고 주장했다. 이와 관련해 그는 다음과 같은 말을 했다.

"자기 통제 실패의 다른 예로는 음주 문제, 도박 중독, 충동 구매, 과식 등이 있다. 이런 행동의 긍정적인 측면을 설명하기 위해 이 단어 앞에 '적극적'이라는 표현을 넣는 걸 상상할 수 있는가? 나는 그렇게 생각하지 않는다."*

나는 미루기를 주제로 한 그의 연구를 좋아하지만 위의 말에는 동의하지 않는다. 적극적으로 미루는 상황에서 자기 통제에 실패하는 것이 그가 암시하는 것만큼 재앙은 아니라고 생각한다. 적극적으로 미루는 사람인 우리는 일을 미루면서도 엄청난

---

* https://www.psychologytoday.com/intl/blog/dont-delay/200907/active-procrastination-thoughts-oxymorons

양의 작업을 완료할 수 있다. 따라서 적극적인 미루기를 적절히 활용하면 잠재적으로 생산성을 높일 수 있다.

나는 경험을 통해 이걸 알고 있다. 당신도 그럴 것이라고 확신한다.

미루기에 대해
자주 묻는 질문과 답

당신은 미루는 버릇을 극복하는 방법에 관한 여러 가지 질문을 마음속에 품은 채 이 책을 읽기 시작했을 것이다. 지금까지 얘기한 내용이 당신의 질문 전부는 아니더라도 대부분에 대한 답이 되었기를 바란다.

하지만 더 많은 주의를 기울여야 하는 우려 사항이 몇 가지 남았을 수도 있다. 내가 발행하는 뉴스레터의 구독자들이 가장 많이 물어봤던 일반적인 질문에 대한 답을 통해 이런 문제를 해결해 보려고 한다.

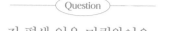

전 평생 일을 미뤄왔어요.
이 나쁜 습관을 과연 극복할 수 있을까요?

물론이다! 내가 바로 아주 좋은 사례 연구 대상이다.

나는 대학 시절에 미루는 습관을 거의 예술적인 형태로 승화시켰다. 조금이라도 힘들거나 불편함을 느낄 수 있는 일은 전부 다 미뤘다. 그건 어릴 때부터 갈고 닦아온 '기술'이다. 그러다가 결국 '2장: 미루는 습관을 극복하는 21가지 방법'에서 얘기한 전술 덕에 고비를 넘겼다.

물론 하룻밤 사이에 해결된 건 아니다. 우선순위를 정하고, 부족한 점을 평가하고, 마침내 꾸준히 행동을 취하는 방법을 배우기까지 몇 달이 걸렸다.

내가 할 수 있다면 당신도 분명 할 수 있을 것이다. 당신은 훨씬 빠른 시간 안에 해낼 수도 있다. 기억해야 할 점은 미루기의 천적인 행동 취하기도 습관이라는 것이다. 다른 습관과 마찬가지로 이것도 발전시키는 데 시간이 걸린다.

나는 삶에 새로운 습관이나 루틴을 도입할 때는 작은 단계부터 밟아 나가는 게 좋다고 믿는다. 이것이 마음(때로는 몸)을 순응시키고 습관을 유지하는 가장 좋은 방법이다.

2장에서 알려준 각 전술을 일주일 동안 활용해 보는 걸 추천한다. 각각을 별도의 습관으로 만들자. 2장이 끝날 때쯤이면 마침내 미루는 습관을 통제하는 데 필요한 도구를 마스터하게 될 것이다.

Question

SNS 때문에 계속 주의가 산만해져서
결국 중요한 일을 미루게 됩니다.
SNS 중독을 어떻게 극복할 수 있을까요?

내 생각에 SNS 중독을 극복하는 가장 좋은 방법은 다음의 세 가지 방법을 이용하는 것이다.

- 휴대폰 알림을 끈다.

- 사용 시간을 제한한다.

- 실생활에서 사람들과 더 많은 시간을 보낸다.

중요한 건 SNS가 왜 일을 미루게 만드는지 파악하는 것이다. 페이스북은 언제든 방문할 수 있는데 왜 굳이 중요한 일이나 프로젝트 시한이 다가오고 있을 때 그렇게 하는 걸까? '1장: 너, 나, 우리가 미루는 진짜 이유'에서 그 원인을 찾을 수 있을 것이다.

예를 들어, 실패에 대한 두려움 때문에 무력감을 느낄 수 있다. 그래서 당면한 일을 처리하는 대신 X(트위터)에서 무슨 일이 일어나고 있는지 확인하기로 한 것이다. 아니면 자기 비하 때문에 부담감을 느낄 수도 있다. 그런 부정적인 생각에 맞서 앞으로 나아가기보다는 인스타그램이나 핀터레스트를 방문하는 걸 선택한 것이다.

요점은 SNS 중독을 억제하더라도 미루는 습관이 해결되지 않을 수도 있다는 것이다. 내면의 미루는 자아가 다른 요인을 통해 자극을 받는다면 주의를 딴 데로 돌릴 다른 방법을 찾게 될 것이다.

'1장: 너, 나, 우리가 미루는 진짜 이유'를 다시 읽어보기 바란다. 거기 나열된 항목 가운데 당신 삶에 영향을 미치는 항목이 있는지 자문해 보자. 만약 있다면 그 문제를 해결하는 데 집중해야 한다. 그러면 SNS 중독이 생각했던 것만큼 주의를 산만하게 하지 않는다는 걸 깨달을 수도 있다.

그동안 걱정하던 프로젝트를
성공적으로 마무리했습니다.
이 추진력을 계속 유지하려면 어떻게 해야 할까요?

정말 축하한다! 우선 그 승리를 축하하는 시간을 갖자. 지금 당
장은 작은 일처럼 보일 수도 있지만 자신의 성취를 인정하면
기분이 좋아질 것이다. 그리고 추진력이 뿌리 깊은 습관이 될
때까지 계속 행동을 취하도록 독려하게 될 것이다.

체크리스트에서 일을 하나씩 지울 때마다 보람찬 성취감을
느끼게 된다. 이걸 계속 진행하기 위한 연료로 사용하자.

숨이 막히고 답답한 느낌이 들어서
일을 계속 미루고 있습니다.
이 문제를 어떻게 해결해야 할까요?

'1장: 너, 나, 우리가 미루는 진짜 이유'에서 말했듯이, 압도감
은 미루는 습관을 유발하는 일반적인 원인이다.

나는 밀려드는 업무의 파도에 직면하여 아무것도 못하고 무력해지는 기분을 극복하는 가장 좋은 방법은, 체크리스트를 만들고 거기에서 가장 쉬운 작업부터 시작하는 것임을 깨달았다.

예를 들어, 할 일이 수십 가지라서 너무 정신이 없다고 느껴질 때, 다음과 같은 방법으로 이를 해결할 수 있다.

- **1단계** 모든 할 일을 체크리스트에 넣는다.
- **2단계** 오늘 완료해야 할 항목을 확인해서 이를 별도의 체크리스트에 넣고 원래의 체크리스트에서 지운다.
- **3단계** 오늘 할 일을 완료하기 쉬운 정도에 따라 순위를 매긴다.
- **4단계** 가장 쉬운 일부터 시작하고 그런 다음 두 번째로 쉬운 일을 처리한다. 이런 식으로 계속 해 나간다.

나는 일반적으로 '개구리 먹기', 즉 가장 싫어하는 일을 가장 먼저 처리하는 게 좋다고 생각한다('2장: 미루는 습관을 극복하는 21가지 방법' 중 전술1 참조). 하지만 압도감을 느낄 때는 일단 시작해서 추진력을 얻는 게 더 중요하다. 가장 좋은 방법은 오늘 처리해야 하는 작업에만 집중하면서 가장 쉬운 일부터 해나가는 것이다.

쉬운 일부터 먼저 완료하면 체크리스트의 길이가 줄어드는 동시에 성취감이 차오르게 된다. 그러면 부담감도 줄고 체크리스트에 있는 더 어렵고 시간이 많이 걸리는 일도 처리해야겠다는 생각이 들 것이다.

<hr />

Question

저는 습관적으로 일을 미룹니다.
미루고 싶은 충동에 맞서 싸우기보다
적극적으로 미루는 습관을 실천하면 안 될까요?

그 방법은 효과가 있을 수도 있고, 없을 수도 있다.

적극적인 미루기에 관해 얘기한 내용을 기억한다면, 수동적으로 미루는 사람과 적극적으로 미루는 사람 사이에는 결정적인 차이가 있다는 걸 알 것이다. 전자는 우선순위에 대한 생각이 없이 일을 미루는데 대부분 단기적인 만족을 추구한다는 것이다.

적극적으로 미루는 사람은 다른 중요한 일을 하기 위해 일을 미루는 사람이다. 이는 단순한 자기 통제 실패가 아니다. 압박감을 느끼면서 일할 경우 아드레날린이 분출되어 생산성이 향상되는 것을 이용한 지연 전술이다.

습관적으로 미루는 이들은 대부분 수동적으로 미루는 사람이다. 나는 확실히 그랬다. 내 경우에는 수동적인 미루기를 적극적인 미루기로 전환하는 게 쉽지 않았다. 만약 미루는 습관을 극복하려는 목표를 포기하고 적극적으로 미루는 습관을 받아들였다면 대참사가 벌어졌을 것이다.

적극적인 미루기 습관을 기르는 데 관심이 있다면 먼저 일을 미루는 습관을 억제하는 게 좋다. 삶의 한 부분을 통제할 수 있게 된 뒤에 적극적인 미루기 습관을 시도해 보기 바란다.

내 안의 '미루기'와
싸워 이기는 법

미루는 습관을 관리하는 데 어려움을 겪고 있다면 그런 사람은 당신뿐만이 아니다. 우리 모두 같은 투쟁에 직면해 있다. 사실 매일같이 이런 문제에 직면하는 게 우리 현실이다. 이 습관을 억제하는 건 알코올 중독에서 벗어나기 위해 오랫동안 금주 중인 이들의 경험과 비슷하다. 예전의 습관으로 되돌아가려는 유혹은 항상 존재하고 언제나 재발할 가능성이 있다.

그렇다고 실망할 필요는 없다. 뭔가를 미루고 싶은 유혹이 들 때마다 꾸준히 행동을 취한다면 그 습관이 더 강해질 것이다. 그리고 항상 존재하는 미루고 싶은 유혹은 시간이 갈수록 힘이 점점 약해져서 행동을 취하는 게 더 쉬워질 것이다.

위에서 말했지만, 노력 없이는 어떤 변화도 이룰 수 없다는 걸 깨달아야 한다. 그러려면 이 책을 읽는 것 이상의 행동을 해야 한다. 이 자료를 당신의 일상생활에 적용해 보자.

'1장: 너, 나, 우리가 미루는 진짜 이유'를 일종의 체크리스트로 사용해서 일을 미루게 만드는 특정한 요인을 파악해야 한다.

'2장: 미루는 습관을 극복하는 21가지 방법'은 습관 억제를 위한 전술서로 활용하자. 각 전술을 한 번에 하나씩 일상적인 과정에 통합시킨다. 당신이 그 결과에 놀라고 기뻐할 것이라고 100퍼센트 확신한다.

'3장: 때로는 미루는 편이 더 나을 때도 있다'는 적극적인 미루기를 실험할 기회로 활용하자. 이 방법이 모든 사람에게 효과가 있지는 않지만, 그게 본인에게 효과적인지 알 수 있는 유일한 방법은 일단 시도해 보는 것뿐이다.

이 책은 거의 모든 페이지마다 실행 가능한 조언을 제공한다. 일부러 이론은 가볍게 다루고 실용적인 팁을 가득 실었다. 내가 추천하는 방법은 다음과 같다.

첫째, 당신이 3장까지 읽었다면 이 책을 다 읽었다고 가정해도 될 것이다. 그렇다면 미루는 습관을 억제하는 방법과 관련된 핵심 개념에 익숙해졌을 것이다.

이제 각 장을 다시 살펴보면서 '적극적인' 독자가 되자. 1장을 다시 읽으면서 자신의 미루는 습관을 유발하는 요인을 적어 본다. 그 요인이 당신에게 미치는 영향을 줄이기 위해 내가 제안한 조치를 취한다.

2장을 다시 읽으면서 전술을 하나씩 적용해 보자. 앞서도 얘기했지만 천천히 진행해야 한다. 일주일마다 한 가지씩 전술을 자기 일상에 통합시키고, 다음 전술로 넘어가기 전에 그것이 습관이 되도록 해야 한다.

3장을 다시 읽으면서 적극적인 미루기를 자기 생활에 서서히 통합시킬 방법을 생각해 보자. 다시금 말하지만, 그게 본인에게 효과가 있는지 판단하려면 실험을 해 봐야 한다.

결론은 당신은 자기 인생에 긍정적인 변화를 가져올 능력이 있다는 것이다. 고삐는 당신이 쥐고 있다. 상황을 통제하는 사람은 당신 자신이다. 이 책은 현재의 상황에서 벗어나 원하는 목적지까지 이동할 수 있는 간단한 지도를 제공한다. 남은 건 이 지도를 따라가는 것뿐이다.

물론 쉽지는 않을 것이다. 또 빠르게 진행되지도 않을 것이다. 우리 대부분은 평생 내면의 미루기 습관을 활성화해 왔다. 그러니 이 습관을 극복하기까지 상당한 시간이 걸릴 수 있다. 우리 마음은 현 상태를 유지하려고 애쓰기 때문에 내적인 저항에 직면할 것이다.

하지만 이 책에서 제시한 팁과 제안을 활용하면 일을 미루려는 경향이 점점 줄어든다. 미루고 싶은 유혹은 늘 존재하겠지만 갈수록 덜 시달리게 되고, 그러면 전투에서 승리했다는 걸 알게 될 것이다.

이 책을 다시 읽기 전에 미루는 습관을 버리겠다고 결심하자. 내가 추천하는 전술을 모두 활용하겠다고 개인적으로 약속하는 것이다. 그러면 몇 주 안에 미루는 습관에 뚜렷한 변화가 생길 거라고 확신한다. 또 행동을 취할수록 더 자신감이 생긴다는 것도 알게 될 것이다. 몇 달 뒤면 한때 당신을 두려움으로 가득 채웠던 작업과 프로젝트를 처리하는 걸 오히려 기대하게 될지도 모른다.

이 책이 그대에게
도움이 되길 바라며

이 책을 끝까지 다 읽다니 정말 감사하다. 더 재미있고 흥미진진한 일을 하면서 시간을 보낼 수도 있었을 텐데, 이 책을 읽으면서 나와 함께 해준 것이다. 깊은 감사의 마음을 전한다.

미루는 습관을 통제하는 법을 배운 덕에 내 삶은 이전보다 여러 가지 면에서 좋아졌다. 당신도 같은 경험을 하게 될 것이라고 확신한다. 이 책 전체에서 공유한 팁과 전술이 그 경험에서 중요한 역할을 하게 되기를 바란다.

데이먼 자하리아데스